江苏高校优势学科建设工程资助项目(PAPD)
江苏省高校自然科学研究重大项目(11KJA580002)

基于高频感应的船体曲面弯板成型技术

周　宏　罗　宇　蒋志勇　主编

人民交通出版社

图书在版编目(CIP)数据

基于高频感应的船体曲面弯板成型技术 / 周宏,罗宇,蒋志勇主编. — 北京：人民交通出版社,2012.11
ISBN 978-7-114-10113-7

Ⅰ. ①基⋯ Ⅱ. ①周⋯ ②罗⋯ ③蒋⋯ Ⅲ. ①船体建造工艺 – 研究生 – 教材 Ⅳ. ①U671.4

中国版本图书馆 CIP 数据核字(2012)第 234673 号

书　　名：	**基于高频感应的船体曲面弯板成型技术**
著 作 者：	周宏　罗宇　蒋志勇
责任编辑：	赵瑞琴
出版发行：	人民交通出版社
地　　址：	(100011)北京市朝阳区安定门外外馆斜街 3 号
网　　址：	http://www.ccpress.com.cn
销售电话：	(010)59757969,59757973
总 经 销：	人民交通出版社发行部
印　　刷：	北京市密东印刷有限公司
开　　本：	880 ×1230　1/32
印　　张：	5.5
字　　数：	110 千
版　　次：	2012 年 11 月　第 1 版
印　　次：	2012 年 11 月　第 1 次印刷
书　　号：	ISBN 978-7-114-10113-7
定　　价：	18.00 元

(有印刷、装订质量问题的图书由本社负责调换)

前言

　　船体外板曲面的成型加工是船舶制造的关键及重要环节之一。一艘万吨级的船舶，超过二分之一的船体外板都要经过曲面成型加工工艺进行加工。目前国内在船体建造过程中，船体外板曲面成型加工之前的工艺已实现了计算机化，其后的装配、焊接均实现了机械化和流水线化，只有船体外板曲面成型加工这一环节仍靠手工。

　　因此船体外板曲面成型加工过程已经成为造船工业中影响造船速度和质量的一个"瓶颈"。据国外统计资料表明自动加热系统的使用至少可以比人工加热成型提高3~4倍的生产效率。

　　高频感应加热作为一种新型的热源，克服了传统的水火弯板氧炔焰炬热源的缺点。因此实现水火弯板成型的自动化已经是造船界的共识，而高频感应加热是船厂实现曲面成型自动化的最佳选择。

　　本书以热应力成型理论为基础，通过建立相应的数学模型，结合工人的实践经验，探明船体曲面外板成型机理及影响因素，开发曲面成型辅助系统，以达到与船体建造系统软件相连接，根据输出的目标曲面形状，给出优化的加热方案，能直接输出数控指令和生产管理信息，形成集应用软件、数控设备、加工工艺技术为一体的曲面成型加工系统的目的，从而提升我国船舶建造工艺技术水平。

目 录

第一章 绪论 ………………………………………………… 1
  1.1 前言 …………………………………………………… 1
  1.2 弯板成型研究现状 …………………………………… 3
  1.3 弯板成型自动化现状 ………………………………… 7
第二章 基础理论分析与研究 …………………………………… 12
  2.1 高频感应加热原理及设备 …………………………… 12
    2.1.1 电磁转换与感应加热 ……………………………… 12
    2.1.2 涡流在金属表面层中的分布 ……………………… 13
    2.1.3 热态和冷态的涡流透入深度 ……………………… 15
    2.1.4 钢铁材料感应加热的物理过程 …………………… 16
    2.1.5 邻近效应和圆环效应 ……………………………… 17
    2.1.6 感应器设计的基本要求及考虑方面 ……………… 18
  2.2 有限元基本理论与高频感应加热数值模拟 ………… 23
    2.2.1 有限元法简介 ……………………………………… 23
    2.2.2 有限元分析的算法结构 …………………………… 24
    2.2.3 高频感应加热数值模拟技术 ……………………… 25
  2.3 非线性瞬态温度场有限元求解 ……………………… 26
    2.3.1 有限元基本方程 …………………………………… 27
    2.3.2 求解非线性瞬态温度场的变步长外推法 ………… 29
  2.4 热—弹塑性方法 ……………………………………… 30
    2.4.1 基本方程和解的收敛性判别 ……………………… 30

2.4.2　改善三维热—弹塑性分析计算精度的途径 ……… 35
　2.5　固有应变法 …………………………………………… 36
　　2.5.1　固有应变的定义 ……………………………… 36
　　2.5.2　固有应变的生成机理及影响因素 …………… 37
　　2.5.3　固有应变在热变形方面的研究现状 ………… 39

第三章　船舶板材机械性能对成型结果的影响 ……… 41
　3.1　研究模型 ……………………………………………… 41
　　3.1.1　对象模型 ……………………………………… 41
　　3.1.2　材料热物理参数 ……………………………… 42
　　3.1.3　加热热源及其特征 …………………………… 44
　3.2　材料模型的影响 ……………………………………… 45
　3.3　屈服应力的影响 ……………………………………… 48
　3.4　弹性模量的影响 ……………………………………… 49
　3.5　本章小结 ……………………………………………… 50

第四章　船舶板材热物理性能对成型结果的影响 …… 51
　4.1　材料模型 ……………………………………………… 51
　4.2　模型表面换热系数对温度场及最终结果的影响 …… 53
　　4.2.1　表面换热系数对温度场的影响 ……………… 53
　　4.2.2　表面换热系数对应力场的影响 ……………… 55
　4.3　板材导热系数对温度场和结果变形的影响 ………… 59
　　4.3.1　导热系数对温度场的影响 …………………… 61
　　4.3.2　导热系数对结果变形的影响 ………………… 62
　4.4　板材线膨胀系数 α 对温度场和结果变形的影响 …… 67
　　4.4.1　线膨胀系数 α 对板材温度场的影响 ………… 67
　　4.4.2　线膨胀系数 α 对板材结果变形的影响 ……… 68

4.5　本章小结 ……………………………………………… 69

第五章　船舶板材其他加工参数对成型结果的影响 ……… 71

5.1　边界条件对成型结果的影响 ………………………… 71
　5.1.1　应力分析比较 …………………………………… 72
　5.1.2　位移和残余塑变分析 …………………………… 73
　5.1.3　小结 ……………………………………………… 76

5.2　几何尺寸对成型结果的影响 ………………………… 77
　5.2.1　模型 ……………………………………………… 77
　5.2.2　三块方板的比较 ………………………………… 78
　5.2.3　单一变化板宽或板长的比较分析 ……………… 83
　5.2.4　小结 ……………………………………………… 92

5.3　加热功率、热源移动速度和扫描次数与成型结果的关系 …………………………………………………… 93
　5.3.1　加热功率与成型结果的关系 …………………… 93
　5.3.2　扫描速度与成型结果的关系 …………………… 97
　5.3.3　扫描次数与成型结果的关系 …………………… 100
　5.3.4　小结 ……………………………………………… 102

5.4　扫描路径对成型结果的影响 ………………………… 102

第六章　高频感应加热弯板成型过程中固有应变生成机理的研究 ……………………………………………… 106

6.1　计算过程 ……………………………………………… 106
　6.1.1　研究对象及材料属性 …………………………… 106
　6.1.2　网格划分和边界条件 …………………………… 106
　6.1.3　瞬态温度场模拟 ………………………………… 107
　6.1.4　钢板变形的数值模拟 …………………………… 108

- 6.2 热输入参数 Q/h^2 与变形的关系 ·············· 110
  - 6.2.1 横向收缩和热输入参数 Q/h^2 的关系 ·········· 110
  - 6.2.2 纵向收缩和热输入参数 Q/h^2 之间的关系 ······· 111
  - 6.2.3 角变形和热输入参数 Q/h^2 之间的关系 ········ 112
- 6.3 热源移动速度和变形的关系 ················ 114
  - 6.3.1 纵向收缩和热源移动速度的关系 ············ 114
  - 6.3.2 横向收缩和热源移动速度的关系 ············ 114
- 6.4 本章小结 ························ 115

第七章 蛇行加热过程中的固有变形

- 7.1 蛇行加热参数对固有变形的影响 ·············· 116
  - 7.1.1 实验和解析模型 ···················· 116
  - 7.1.2 热输入量和加热速度对固有变形的影响 ········· 116
  - 7.1.3 热输入量和 DXD 对固有变形的影响 ··········· 119
  - 7.1.4 热输入量和 DYD 对固有变形的影响 ··········· 123
  - 7.1.5 板厚对固有变形的影响 ················ 126
- 7.2 实验验证与分析 ···················· 130
- 7.3 高频感应参数及固有应变关系数据库 ··········· 136
  - 7.3.1 数据库的结构 ···················· 136
  - 7.3.2 高频感应加热弯板成型实验建立数据库 ········· 138
- 7.4 本章小结 ························ 140

第八章 计算机辅助高频感应弯板成型系统的开发

- 8.1 系统的总体设计思想 ·················· 141
- 8.2 系统的主要功能和模块 ················· 142
  - 8.2.1 导入 DXF 文件建立目标曲面模型模块 ·········· 143
  - 8.2.2 有限元模型处理模块 ················· 143

8.2.3	加热线计算模块	151
8.2.4	曲面成型计算模块	152
8.2.5	后处理模块	153

8.3 系统应用实例 …………………………………… 154
  8.3.1 模型的建立 ………………………………… 154
  8.3.2 模型的支撑 ………………………………… 155
  8.3.3 布置加热线 ………………………………… 156
  8.3.4 计算 ………………………………………… 157
  8.3.5 后处理 ……………………………………… 157
  8.3.6 结果分析 …………………………………… 159

8.4 本章小结 ………………………………………… 162

参考文献 …………………………………………… 164

第一章 绪 论

1.1 前言

随着综合国力的增强,制造技术的不断进步,我国必将取代日本、韩国成为世界造船工业的中心。因此,我国造船工业必须要提高整体制造水平,以崭新的姿态迎接国际大竞争。造船等钢结构的生产中,钢板的弯曲成型具有极其重要的地位。大中型船舶的船体一般都由钢制成,必须要把规则平整的钢板加工成形状复杂的空间曲面。船体曲面弯板成型工艺方法很多,主要可分为两大类:机械成型和线状加热成型,如图1-1所示。

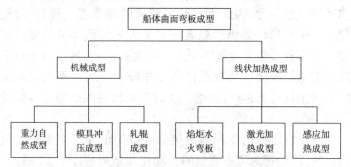

图1-1 船体曲面弯板成型工艺方法分类

机械成型由于自身特点,很难应用到造船业中。因为造船业中使用的船板厚大、形状复杂而且批量小,所以不宜使用模具冲压成型的方法;而使用轧辊成型和自然成型不能产生复杂的曲面变形,尤其在板边缘成型更加困难,而且轧辊成型在板中残留了大量的残余应力,在随后的焊接组合中,船板将产生难于预测的变形。

　　加热成型按使用热源的不同分为水火弯板成型、激光加热成型和电磁感应加热成型。传统的方法是采用火焰加热水冷成型法。该方法首先把大体为矩形形状的钢板以长边为母线,用辊床、水压机和水火加工成筒形,然后在其边缘(或中心)进行线状加热,随之浇水冷却,靠热胀冷缩作用使钢板再产生沿长边方向的弯曲,形成所需要的三维曲面形状。如果加工参数选择得当,板的残余变形就恰好是所需要的形状。尽管很早以前人们就开始利用火焰加热方法对船外板进行水火弯板成型了,但是水火弯板始终是船体建造工艺中最难的技术之一,其技术复杂是因为影响水火弯板成型的参数众多,其中较重要的影响参数有加热速度、加热线能量、加热线长度、加热线间距、喷枪嘴离板面的距离、加热板的初始形状及初始应力、冷却速度等,还有一些次重要的影响因素,诸如:气温、氧气的流量、乙炔压力及流量、水流量、板的热物理性能等等,因此无法制定精确的加工工艺规程,故至今造船生产中该项任务仍然靠老技术工人的实践经验来完成。鉴于加工效率和质量完全取决于工人的实践经验,所以由于技术原因造成的弯板报废或质量不佳是船外板生产质量不稳定的决定性因素。由此可见,弯板成型已经成为制约我国造船业蓬勃发展的瓶颈。

　　随着可以进行精度控制的热源的应用以及近年来计算机技术的迅猛发展,都为弯板成型的自动化改造提供了必要条件。在国外,线状加热成型的有关基础理论研究以及自动化改造方面的尝试也有文献报道,并且国外有些企业已经初步实现了该项技术的自动化改造。国内这方面的基础研究刚刚起步,所以国内应当力求在借鉴国外在这方面的研究成果,开发出自己的薄板成型自动成型设备和相关的软件系统,把薄板成型工艺从主要依靠经验走向用科学理论指导生产,做好前期的准备工作。

由于高频感应加热可以比较准确地控制加热范围、热源移动速度和温度分布,再现性好,这使得实现自动化的计算机辅助弯板成型成为可能。国外造船厂正把高频感应加热弯板成型法作为新技术加以推广使用。例如,日本的石川岛播磨重工经过7年的研究与开发之后,于1999年在世界上率先使用大型高频感应自动弯板成型机。然而,高频感应加热自动弯板成型技术目前只有被国外很少的几家大公司掌握,而且还不成熟,要在我国推广该项技术必须做大量的基础研究工作。

1.2 弯板成型研究现状

要实现船体曲面弯板成型工艺的自动化,首先必须解决加热热源的问题。传统的热源是氧炔焰,不能满足薄板自动化成型的要求,而激光和电磁感应加热能够采用控制电路对热量输入进行精确控制,所以它们是一种理想的加热热源。

美国海军舰船研究中心于1987年应用激光作为热源进行加热钢板成型,并取得了很大的成果。激光作为热源最大的优点在于可以精确地控制成型工艺,减少材料性能的损失,可以适用于高强钢板成型,增强了与其他先进制造工艺系统的匹配性,弥补了传统火焰成型方法的缺陷。该中心运用激光线状加热钢板成型设备进行了一系列的实验。实验分别用12.7kW和7kW的激光束进行线状加热,加热速度为12ipm。实验结果表明功率越大,加热的最高温度就越高,通过实验测得应变曲线,还得出激光加热道数和角变形量成正比,根据此关系可以建立某种板厚的弯曲成型角变形量和热输入量之间的线性模型。并就一些因素(诸如激光功率、加热速度、板厚等)对成型产生影响进行了实验和总结,实验结果表明这些工艺参数对变形的影响和焊接以及火焰成型基本相似。总的来说,激光加热的优点有:①集中加热减少了HAZ的面积,对成型更加有利;②无需水冷,仅用空冷就完全能够满足要求;③材料性能下降很少;④整套工艺参数完全可以精确控制;⑤激光成型技术完全可以实现自动化,其重现性好,完全可以用传感器及其他控制设备把它们做成加工中心;⑥激光成型可以实现对复杂曲面成型;⑦激光成型可以对高强钢进行成型加工;⑧激光线状加热使船板装配的返工减少;⑨工艺操作安全。

但是激光加热设备非常昂贵,而且目前激光器的功率还达不到大型船板成型的要求。

高频感应加热作为一种新型的热源应用于船体曲面弯板成型工艺中,克服了传统的水火弯板应用氧炔焰炬热源的缺点,具有许多优点:

(1)集中加热功率密度大,能够把金属板加热到很高的温度并且由于感应的集肤效应使得表面和内部的温度梯度很大,有利于弯板成型。

(2)加热成型过程无需水冷,热效率很高,更符合节能环保的要求。

(3)能精确控制热输入量,能实现温度的精确控制,集中加热减少了热影响区域(HAZ)面积,可以使材料的性能下降最少,所以同样适合于对高强钢加热。

(4)整套工艺参数完全可以得到精确控制,并且重现性好,因此可以用电子电路对成型过程进行精确控制,实现制造生产的自动化。

(5)由于成型精度高,在后续的船板装配中的返工大为减少,而且使工艺操作更具安全性,因此加工效率也大大提高了。

日本京都大学 S. Imatani 等人应用高频感应作为热源对厚板进行线状加热成型。实验时作者分别选用了三种不同的板厚和加热速度进行实验,发现通常情况下加热速度越大,角变形越小,但对一定厚度的钢板还是存在一个最佳的加热速度能够使角变形最大,而板厚越大,角变形也就越小,这是因为其抗弯截面模量大的缘故。实验中作者用热电偶分别测量了板正面及背面在加热线上以及离加热线 30mm 和 60mm 距离处各点的热循环情况。发现在加热线处上下两面的温差最大可达 120℃,而其他位置温差不明显。随后作者利用实验所得到的温度分布情况,采用有限元方法中的 Mindlin 单元(4 节点,5 自由度)对板变形情况进行了模拟。模拟时作者简化了温度边界条件,假定温度场为随热源一起移动而不随时间变化的准稳温度场,这样就消除了板边界上的不稳温度变化。通过选取时间步长得到温度变化情况。实验和模拟结果在数值变化趋势上一致,但模拟的角变形比实验结果要小很多,甚至个别情况出现变形方向不一致的情况,其原因在于未考虑材料性能参数随温度的变化的影响因素,另外把时间和空间上实际为不稳的温度场过于简化为一稳定温度场也是产生误差的一个原因。

日本大阪大学焊接研究所对计算机辅助线状加热薄板成型做了大量的研究,取得了很多的成果,发表了一系列的论文。Yukio UEDA 等人在"Development of Computer Aided Process Planning System for Plate Bending by Line-Heating (Report 1)"中就阐述了如何把工艺安排分为两个步骤:首先确定适当的位置加热和冷却条件以获得此种固有应变。通过把成型曲面高精度展开,在几何上就可以获得平面收缩量和角变形量。通过把圆盘冲压成球冠的试验,研究了平面收缩和角变形布置对回弹的影响。在成型过程中,运用弹塑性板大变形理论进行有限元模拟分析,其纵向收缩以每节点增量的形式和冲模深度成正比,这样就得出弹塑性应变分布。再根据上面的结果确定各种应变,从而把变形化为固有应变的形式。弹塑性应变谐调(即全部用作固有应变)将不产生回弹也不产生残余应力。弹性应变和塑性应变都分别对变形产生影响,平面应变和角变形也分别对变形产生影响。此外,对复杂曲面成型(帆形和马鞍形)也进行了讨论,得出了平面应变分布图和角应变分布图,从而确定了加热区的分布。

在"Development of Computer Aided Process Planning System for Plate Bending by Line-Heating (Report 2)"中从固有应变的角度分析了板成型工艺的应用。通过进行理论预测和实践成型效果的比较,可以把实践经验具体化,以固有应变的形式用计算机图形技术显示出来,并且固有应变法并不仅仅适用于线状加热成型,而且同样适用于诸如轧辊和冲压等各种机械薄板成型工艺。然后,用上述的有限元方法计算出弯曲应变和平面应变分布,得出扭曲板在整张板上的弯曲固有应变均相等,它是最大平面应变绝对值的2倍,因此在此例中弯曲应变起主要作用,于是就可以在理论上预先布置好加热线的方向和位置,所得的结论和实际工艺加热线布置完全一样。而理论得出的最大拉伸应变应出现在长边中部,而最大压缩应变应出现在板的中央,这就要求加热线不能延伸到板的边缘,这也与实际应用完全相符。

美国学者 K. Sadeghipour J. A. Dopkin 和 K. Li 使用大型工程数值模拟软件 ANSYS,利用有限单元法研究了钢的感应加热过程。并设计了高频感应加热试验对结果进行验证。利用有限单元法进行了有效的电磁场和温度场分析,研究了电流密度分布及加热过程中瞬态温度分布。同时研究了钢板在居里点温度附近电磁感应加热的变化。数值模拟的结果得到了试验的验证。

数值模拟感应加热的方法国内也得到了应用。西安重型机械研究所利用 ANSYS 软件模拟了中频感应加热液压弯管机工艺过程。上海大学进行了铝合金半固态感应加热的计算机模拟。华北电力大学进行了管道感应加热过程的计算机模拟。

1.3 弯板成型自动化现状

感应加热成型的研究目标是开发自动化的加热成型设备和自动化的成型检测设备。因此,人们都集中研究线加热板材成型自动成型系统的设计,包括待成型曲面的变形量确定和根据工艺参数关系给出成型时的加热线布置和具体的加热参数。

利用数值模拟分析,人们能够预测已知加热参数条件下的板材变形,并且能够理解加热过程的机理。然而,数值模拟计算需要大量的计算工作,因此需要很长的计算时间。原因是:

(1) 因为钢板温度分布的急剧升降性,沿着热源移动方向的空间网格尺寸在有限元计算时必须精细划分,以使热传导分析和应力应变分析可以收敛。

(2) 由于同样的原因,热传导分析和应力应变分析时的时间载荷步必须要小。

(3) 分析时需要先进行热传导的有限元分析,而后进行应力应变分析。通过线加热过程的热弹塑性数值模拟,可以得到线加热作用的变形结果,可是不能求解出变形和加热参数之间的关系。即:数值模拟方法不能够设计加热方案,因为加热过程工艺参数设计是模拟的逆问题。在给定加热过程参数时,利用数值模拟可以获得变形,但是当给定设计的船体外板形状时,它无法给出具体的一套加热工艺参数。

实际上,人们更关心的是在已知船体板形状和尺寸的情况下,如何确定板的初始形状、加热线的布置、热源参数、热源移动速度及冷却条件等工艺参数,以得到所需要的目标形状。因此,人们从实际需要出发提出了多种水火弯板过程设计方法。

作为水火弯板工艺的发源地,日本早在 20 世纪五六十年代就开始了对此工艺的探索,七八十年代开始了自动加工设备的研究。1999年日本石川岛播磨重工业株式会社研制出一台曲板成型的自动化加工装置IHI-α。该装置有以下几个特点：

（1）自动计算出曲板的加热路径和加热头热输入率等参数，以及加工后曲板形状变化的误差。

（2）加工过程中能在PC机显示屏上对板的实际和理论弯曲状况进行比较和评估，并进行修正。

（3）采用数控机器和激光测量器，能连续进行弯曲加工和形状测量。工作台上设有23个液压千斤顶，高度可根据选择的弯曲形状自动调节。

IHI-α系统软件自动计算出加工方案然后进行加热，在加热时除了钢板翻身需要人工干预外，全部实现了自动化。它的成型速度远高于基于手工操作或工人经验的加工系统，大大减少了加工时间，一个高度复杂的船体曲面以前要2~3天的手工成型，现在只需要5~6h，其中还包括2~3h的方案计算时间。日本在精细化造船方面走在了世界前沿。

日本钢管公司（NKK）也试制了这样的设备。韩国汉城大学研制了自动水火弯板加工系统，它可以进行船体外板建模、外板展开、加热信息计算、钢板形状的自动测量，该系统已经在合作船厂进行了试用。美国M.I.T研制用激光作为热源的全自动水火弯板设备，在薄板水火变形控制研究方面已经有很大的建树。Atlantic & Edison焊接研究所有简易自动水火弯板设备。欧洲如西班牙、意大利、丹麦等也试制过自动水火弯板机。

中国第一台水火弯板机是由大连理工大学、大连新船重工有限责任公司、清华大学和北京航空航天大学合作研制的，该设备于2001年初通过了863计划智能机器人验收专家小组的验收，成果水平在当时处于领先地位。该机器人控制器是基于激光测量的高精度仿型测量系统，实现了三维曲面测量和水火加工测量引导，解决了加工时钢板随机变形引起误差的难题。机器人具有4

个自由度,可用于复杂曲面钢板水火成型自动加工,提高生产效率 2 倍以上。

广船国际和上海交通大学于 2005 年底也开发出一台数控水火弯板机。它的加工参数预报系统是基于氧—乙炔火焰对钢板进行的实验研究,所以此设备仍采用传统的氧—乙炔火焰对钢板进行加热。该设备经过试用,加工了大量的船体外板(以帆形板为主)。

2006 年广东工业大学采用多轴运动控制系统和三维立体成型的加工方法也研制出一种水火弯板机。该设备的控制系统由多轴运动控制部分和 PLC 控制部分组成。其中多轴运动控制系统是当前先进的开放体系结构的数控系统,它的特征在于:由工控机把运动数据和运动命令传递给多轴控制器,多轴控制器通过伺服驱动器对多轴的电机系统进行联动控制及位置控制。

2007 年上海船舶工艺研究所(船舶 611 所)研制出 SGQ—1241 数控感应加热曲板成型机。该设备采用高频感应加热与计算机数字控制,具有自动加热、自动均载支撑、自动测量、自动画线及手动操作等功能。其中的支撑装置由称重传感器和机电伺服系统构成,它比日本的液压千斤顶所牵涉到的液压伺服系统具有更强的实用性。

以上这些设备都是采用龙门架的结构,龙门架结构的优点是结构简单,刚度高,保证定位精度,稳定性能好,不需要太长的机械手臂。此外,还可以将控制主机、伺服驱动器等放置在距离高温区较远的操作平台上。但是移动龙门架结构的不足是体积相对庞大,需要一定的工作空间和专门的工作场地,不适用于随机灵活的工况。基于此,2007 年大连理工大学又设计了适合于大挠度曲面钢板自动化加工的悬臂式水火加工机器人和适用于现场施工的小型曲面钢板水火加工装置。

在数控水火弯板机的加工过程中,加工参数软件系统起着至关重要的作用。数控系统上的激光测量仪能够测出钢板的初始形状,如板长、板宽、曲率大小等,然后由加工参数软件系统自动计算出所需要确定的加工参数以达到目标形状,如在钢板不同位置上的加热线长度、加热线宽度、加热线形状、加热速度、水冷速度、加热路径等,再由执行机构按照此方案进行加热。所以该软件应该能够科学地给出加工参数及其工艺过程,以代替工人的经验。

日本石川岛播磨重工业株式会社的 IHI-α 系统中,Morinobu Ishiyama(石山隆庸)通过建立变形场的有限元模型来确定加热方案,并给出了自己的计算软件。

韩国汉城大学的 Shin 等人开发了基于关系数据库管理系统及面向对象技术的水火弯板加工信息系统,它是自动化设备的基础。该软件系统考虑了不同船厂的成型习惯,既可以适应大船厂的辊弯后板的水火成型,也能够应用于中小船厂的完全成型。但其加热时火焰喷头的移动速度需沿加热线分三段变化,这对于实现自动成型是不利的。

上海交通大学董大栓等人基于曲面叠加的加工参数确定的算法开发了一套计算机辅助加工参数确定软件:CAFF 软件(Computer Aided Flame Forming System)。但只是验证了帆形板的加工,而对鞍形板及扭曲板的加工参数的确定基础理论存在着较大的设计缺陷。

大连理工大学开发的水火弯板加工参数的软件系统具有船体外板精确展开计算、水火弯板变形规律数学模型、船体外板水火加工焰道布置优化、船体外板加工用见通数据计算、与船舶设计软件 Tribon 系统的集成连接、系统的工程数据库等功能,并根据系统功能设计建立相应模块和系统结构流程,应用 VisualBasic 6.0 软件设计开发了水火成型工艺参数预报系统。它是国内最先进的弯板加工信息的软件系统,并且在不断地日益完善。

在现代造船生产中,从前期的船舶设计、板材号料和下料,到后期的船体装配都已基本实现计算机化、机械化和自动化流水线。船体外板的水火加工是整个造船工艺体系中一个不可或缺的环节，它的加工模式无论是在加工速度还是在成型质量上都拖了现代造船的后腿，这个工艺上的技术革新已是现代船舶制造业迫在眉睫的大事，而且必将带来巨大的经济效益。虽然国内外学者对此问题已经进行了许多有价值的研究工作，但目前弯曲钢板加工这一环节仍靠手工完成的居多，且船板曲面变形受到钢板材质、环境温度、氧及乙炔的流量、喷嘴高度、冷却方式、支撑形式、加热速度、焰道间距和钢板特征等众多因素影响，船板曲面成型机理十分复杂，由于水火弯板过程中最终形状和加工参数间的关系的复杂性，到目前为止仍没有一个可为大多数人接受的关于水火弯板过程中加工参数和最终形状间关系的理论和完美的确定加工参数的方法。即使对于已经取得的结论和方法，或因是其假设条件和工程实际不相符合，或计算过程和步骤过于复杂，或结论仍需作进一步的验证等原因而无法应用于工程实践中。目前国内广船国际的设备主要是应用在帆形板的成型过程中，存在加工板形单一，而且工艺软件对加工完不理想的板形不能进行二次计算生成焰道，存在焰道形成过程的数学建模和焰道算法不够完善问题。同时水火弯板工艺完全实现自动化还有许多有待于完善的地方，例如：数控设备样机存在速度不够理想、缺少与生产设计的数据接口和设备稳定可靠性急需提高等问题，并且在智能化、集成化以及精度上与发达国家同类产品有较大的差距，上述因素直接导致相关技术成果转化困难，没有形成成熟的数控设备产品，因此形成了制约造船生产效率的瓶颈，必须进行深层次的研究。

第二章 基础理论分析与研究

2.1 高频感应加热原理及设备

2.1.1 电磁转换与感应加热

任一导体通过电流时,在其周围就同时产生磁场。磁场强度的大小和方向,是根据导体中电流的大小和方向而确定的。在磁场中,沿任何闭合回路的磁场强度的线积分等于包含在此回路里的电流的代数和。每条磁力线都是环绕电流的闭合线,无起点和终点之分,它们都和闭合电路互相套联。磁力线方向和电流方向的关系,遵从右手螺旋定则。

恒稳电流产成恒定磁场。交流电则相应的产生交变磁场。

电流能够产生磁场,反过来,变化的磁场也能产生电场。麦克斯韦指出:在空间所有各点,只要磁场有变化,不论是否有导体存在,都有电场存在。充满变化磁场的空间,同时也充满变化的电场,这两种场永远互相联系着的,形成电磁场。

法拉第在1831年发现了电磁感应现象。即当通过导体回路所包围的面积的磁场发生变化时,此回路中就会产生电势,这种电势成为感生电势,当回路闭合时则产生电流。感生电势的方向,与产生此感生电势的根源相反。也就是说如果导体回路中的磁通随时间增加,则感生电势产生电流所造成的磁通,必与之相抵消,有不让它增加的趋势;如果回路中的磁通减少,则由感生电势产生的电流所造成的磁通,必与之相助,有不让它减少的趋势。这也是能量守恒定律在电磁感应现象中的具体表现。

由于感应电动势的存在,在导体表面薄层内将形成封闭的电流回路。通常把这种电流称为涡流。如上所述,由于感应电动势与原电路电势是反向的,所以在每一瞬间涡流方向总是与感应线圈中的电流方向相反。而涡流的电流强度 I_f 决定于感应电动势 e 及涡流回路的阻抗 $Z = \sqrt{R^2 + X_L^2}$。

根据欧姆定律

$$I_f = \frac{e}{Z} = \frac{e}{\sqrt{R^2 + X_L^2}}$$

由于 Z 通常很小,故 I_f 能达到很高的数值,而由于导体自身电阻 R 的存在,使涡流回路产生大量的热,其热量可由焦耳—楞次定律确定:$Q = I_f^2 Rt$。这种热直接产生在导体内部,因而具有很高的热效率。感应加热主要依靠这种热量。

另外,在感应加热铁磁性材料过程中,当起始加热温度尚未超过该材料的磁性转变点(居里点)的温度之前时,还会产生由于"磁滞现象"所引起的热效应。即感应线圈通过交变电流时,磁场强度会在 $+H_S \sim -H_S$ 之间发生变化,磁滞回线所包围的面积,反映磁化周期所发生的磁滞损失,并以热能的形式释放出来,对导体起着加热作用。但是这种磁滞损失引起的热效应,在加热过程中的作用是次要的,而且当加热温度超过材料的磁性转变温度时,材料就失去磁性,因而磁滞现象也就随之消失。

2.1.2 涡流在金属表面层中的分布

导体在感应加热中的外部能源是来自交变磁场,因此确定磁场强度在导体中的分布情况,对于了解涡流在导体中的分布是极为重要的。

为了简化问题的讨论,现以实心圆柱形零件中电磁场的分布问题进行分析,所得结论对于其他形状零件来说,在原则上也适用。

磁场强度的分布基本方程见式(2-1),通过这个方程式的求解,可以得出在零件上任何一点的磁场 H 的大小和电流密度 I_r。

$$\frac{d^2 H}{dr^2} + \frac{1}{r}\frac{dH}{dr} - K^2 jH = 0 \qquad (2-1)$$

其中

$$K^2 = \frac{4\pi\omega\mu}{\rho} = \frac{8\pi^2 f\mu}{\rho} \qquad (2-2)$$

从式(2-1)可以得出涡流分布特性[24]:

$$\frac{I_r}{I_0} = e^{-KX/\sqrt{2}} = e^{-X/\delta} \qquad (2-3)$$

式(2-3)表明,涡流强度随表面距离的变化关系。可见,涡流分布高度集中在零件表面中,而且涡流强度随距离表面距离增大而急剧下降,呈现出指数分布状态。

在式(2-3)中 $K = \frac{\sqrt{2}}{\delta}$,又从式(2-2)中得到

$$K = 2\sqrt{2}\pi\sqrt{\frac{\mu f}{\rho}} = \frac{\sqrt{2}}{\delta}$$

从而得到涡流的理论透入深度 δ 为:

$$\delta = \frac{1}{2\pi}\sqrt{\frac{\rho}{\mu f}} \quad (\text{cm}) \qquad (2-4)$$

式中:ρ——电阻率,$10^{-9}\Omega \cdot \text{cm}$;

f——频率,Hz;

μ——导磁率,H/m。

在时间应用中,规定 I_r 下降至表面涡流强度 I_0 的 $\frac{1}{e}$($e = 2.71828$,$\frac{1}{e} = 36.79\%$)处的深度为"电流透入深度",并用 δ 表示,即用式(2-4)计算求出。如果 ρ 的单位为欧姆·厘米($\Omega \cdot \text{cm}$),则

可用下面的公式：

$$\delta = \frac{1}{2\pi}\sqrt{\frac{\rho \times 10^9}{\mu f}} = 5.03 \times 10^4 \sqrt{\frac{\rho}{\mu f}} \quad (\text{mm}) \quad (2-5)$$

在实用中可以近似认为，涡流只存在于零件表面深度为 δ 的薄层中，而在薄层以内没有涡流。这是因为根据焦耳—楞次定律，涡流产生的热量跟于涡流强度的平方成正比，所以从表面向内部，热量的下降要比涡流下降更快，在电流透入深度层内产生的热量：

$$Q = \left(1 - \frac{1}{e^2}\right)Q_0 = 0.865 Q_0$$

也就是说，86.5% 的热量都集中于电流透入深度层内，因此上述规定在实际应用中具有足够的准确度。

从式(2-4)和式(2-5)可以看出，电流透入深度，取决于电流频率 f，零件材料的电阻率 ρ 和导磁率 μ。在材料的 ρ 和 μ 一定时，频率 f 越高，电流越趋向于表面，电流透入深度 δ 也就越浅。通常把上述现象称为集肤效应(表面效应)。

2.1.3 热态和冷态的涡流透入深度

钢铁材料在感应加热过程中，其电阻率 ρ 和导磁率 μ 是发生变化的。虽然电阻率 ρ 同磁场强度无关，但却要随着温度上升而增大。在 800~900℃ 的温度范围内，各种钢的电阻率基本相同，约为 $10^{-4}\Omega \cdot cm$。导磁率 μ 的大小与材料的化学成分和磁场强度有关。在感应加热过程中，磁场强度一般是几十到几百奥斯特，相应的导磁率是 20~100 以上。但在材料失去磁性之前，导磁率 μ 基本不变，而当达到居里点温度以上时，钢材就会失去磁性，急剧下降为真空的导磁率，即 $\mu = 1$。

由式(2-4)可知，随着材料温度的稳定上升，会导致 ρ 增大和 μ 下降，则使涡流分布平缓，透入深度增大。当温度上升到磁性转变点时，特别由于其中 μ 的急剧下降，可使涡流透入深度增大几倍至十几倍。若将 $\rho = 10^{-4}\Omega\cdot cm$ 和 $\mu = 1$ 代入式(2-5)，那么材料在失去磁性后的涡流透入深度 $\delta_{热}$ 可按下式求出：

$$\delta_{热} = \frac{500}{\sqrt{f}} \quad (mm) \tag{2-6}$$

$\delta_{热}$ 称为"热态的涡流透入深度"。把材料在失磁前的涡流透入深度对应称为"冷态的涡流透入深度"，用 $\delta_{冷}$ 表示。$\delta_{冷}$ 可以直接由式(2-5)求出。

2.1.4 钢铁材料感应加热的物理过程

感应加热过程中，电场和磁场在金属中的建立是需要一定时间的，这个时间与研究点对表面距离 X 的平方成正比。理论计算证明这个时间非常短，以致在许多情况下均可忽略不计，通常认为电磁场在金属中的建立是瞬时的。

当感应线圈刚刚接通电流，工件温度开始明显升高前的瞬间，涡流在零件表面的分布是符合冷态分布曲线的。由于越趋近零件表面涡流越大，因此升温也越快。当表面出现一超过失磁温度的薄层时，加热层就被分成两层：外层的失磁层和与之毗连的未失磁层。失磁层内的材料导磁率 μ 的急剧下降，造成了涡流强度的明显下降，从而使最大的涡流强度是在两层的交界处。

涡流强度分布的变化，使两层交界处的升温速度比表面的升温速度更大，因此使失磁层不断向纵深移动。零件就这样得到逐层而连续地加热，直到热透入深度 $\delta_{热}$ 为止。这种加热方式，称为透入式加热。它是铁磁性材料在感应加热过程中所具有的独特加热方式。

当失磁的高温层厚度超过热态的涡流透入深度 $\delta_{热}$ 以后，涡流完全按着热态特性分布。再继续加热时，热量基本上是依靠在厚度为 $\delta_{热}$ 的表层中析出，而在此层内越靠近表面，涡流强度和所得到的能力越大。同时，由于热传导的作用，加热层的厚度将随时间的延长而不断增大。当零件的加热层厚度远远大于材料在该电流频率下的热态的涡流透入深度时,那么这种加热层就是主要依靠热传导方式获得的,其加热过程及沿截面的温度分布特性与用外热源加热(如火焰加热)的特性基本相同,因此称为传导式加热。

2.1.5 邻近效应和圆环效应

当一根有交流电流的导体与另一根有交流电流的导体靠近,在相互影响下,两导体中的电流要作重新分布,这个现象叫邻近效应,它本质上与集肤效应相似。

如在任何瞬间两平行导体中的电流方向相反,那么,在导体之间两电流所建立的磁场方向相同,总磁场增大,而两导体外侧的磁场减弱。磁通不仅通过空气,而且也通过导体内部,位于导体外侧的电流线比内侧的电流线交连较多的磁通,因而沿外侧电流线所感应的反电动势较内侧的大,外侧电源电势和自感反电动势合成的总电势较内侧的低,因此导体外侧电流密度较内侧的小。

如果两平行导体的电流在任何瞬间方向相同,那么,两导体外侧的空间磁场是相加的,两导体之间的磁场是互相抵消的,磁通不仅大部分包围两导体,而且有一部分通过导体本身。这样两导体内侧的电流线交连较多的磁通,因此导体内侧的电流密度就较外侧的小。

导体间的距离越近,邻近效应越显著。邻近效应与集肤效应不同之处,在于电流密度的分布不仅取决于自己的磁场,而且与所有邻近导体磁场的总作用有关。

若将交流电流通过圆环形线圈时,则最大电流密度出现在线圈的内侧,这个现象叫圆环效应。

导体的径向厚度与圆环直径之比越大,则这种现象越显著。

磁力线在环内集中,在环外分散,一部分磁力线穿过内侧的导体本身,因此外侧的电流线较内侧的电流线交连较多的磁通,所感应的反电动势也大。这样,外侧的总电势和电流密度较内侧的小。

2.1.6　感应器设计的基本要求及考虑方面

一般来说,感应器的设计应该包括两部分:一是感应器的结构设计,因为零件的形状是各种各样的,要达到表面均匀加热的目的,必须根据零件的形状、尺寸加热需要的技术要求来确定感应器的形状和尺寸;二是电气参数的计算(阻抗匹配)。对于表面加热感应器来说,因为计算繁杂且不准确,而在高频和中频设备上都有调谐装置,通过调谐可以使感应器及零件的阻抗与感应加热设备的电参数相适应,故通常都不需要作复杂的计算。

(1)感应器的结构

感应器的结构由下列几部分组成:

①感应导体(又称为有效圈或施感导体):由它产生高频磁场来加热零件;

②汇流条(又称为汇流排):将高频电流输向感应导体;

③连结机构(即夹持装置):将感应器的汇流条与高频感应变压器夹紧;

④冷却装置:冷却汇流条和感应导体。

高频感应加热器的设计必须围绕实现船用钢板的高频感应加热弯曲变形来进行。普通船用钢板一般都是低碳钢,是典型的铁磁性材料。厚度一般在 5~20mm 左右。加热之后希望它能由规则平整的形状变成设计需要的空间曲面形状。把整个加热过程分解,可以看作是一段一段的线状加热,各段的收缩变形累计叠加,就形成空间曲面。因此,它对高频感应加热热源提出了以下要求:

① 热源能方便地沿被加热面做线状运动；
② 热源能量集中，体积要小，热量集中于加热线上；
③ 热源必须具有较高的热效率，能精确控制热输入量；
④ 热源最好具有易形成空间曲面变形的特性，即加热层厚度与板的总厚度有较大差异，从而在厚度方向形成较大的温度梯度，便于弯曲变形；
⑤ 被加热区域表面温度尽可能均匀，易于实现变形控制；
⑥ 制造简单，有足够的机械强度，操作使用方便。

(2) 感应器和零件之间的间隙

零件表面的感应加热是通过感应器将高频电能转换成涡流来实现的。在感应加热过程中，感应器和零件之间应留有足够的间隙(一般为 1～5mm)。当感应器和零件之间有间隙存在时，总有部分磁力线在间隙中通过，对零件不起加热作用，这种现象称为漏磁。而且间隙越大，漏磁就越严重。

除了漏磁外，还有个磁力线逸散问题。磁力线逸散是指磁力线虽然穿过零件，也经过电磁转换变成了热能，可是这部分热能没有用于加热零件需要加热的部分，而是加热了其他不需要加热的部分。间隙越大，则逸散越严重，零件的热影响区也越宽，增大了功率的无益损耗。

为了提高感应器的效率，保证加热质量，在确定感应器的结构设计时，应很好地考虑磁力线的分布情况。尽量缩小感应器与零件之间的间隙，适当考虑采用导磁体来克服磁力线的逸散，可以将零件的加热宽度限制在最小范围内。

(3) 感应器的效率

感应器的效率是指感应器的输入功率同用于加热零件的有用功率之比。即

$$\eta = \frac{P_a}{P} \tag{2-7}$$

式中：η——感应器的效率；
　　　P——输入感应器的功率，即高频变压器的输出功率；
　　　P_a——零件表面吸收的功率。

感应器的效率取决于两个因素：一是感应器本身的阻抗损耗；二是感应器的漏磁和磁力线的逸散。感应器除了有电效率外，还有热效率问题。加热时间越长，热效率越低。用大的比功率、短的加热时间，可以减少热损失。

感应器的阻抗由感应导体和汇流条两部分组成。

$$Z = Z_1 + Z_2 \tag{2-8}$$

$$Z_1 = \sqrt{{r_1}^2 + (\omega L_1)^2} \tag{2-9}$$

$$Z_2 = \sqrt{{r_2}^2 + (\omega L_2)^2} \tag{2-10}$$

式中：Z——感应器的总阻抗，它分别由汇流条的阻抗 Z_1 和感应导体的阻抗 Z_2 所组成；
　　　r_1, L_1——汇流条的电阻和电感；
　　　r_2, L_2——感应导体的电阻和电感。

使用高频感应器时，由于频率很高，r_1, r_2 与 $\omega L_1, \omega L_2$ 相比很小，忽略不计也不会引起很大的误差。当高频变压器输出的电压一定时，该电压在感应器上将按 Z_1, Z_2 的大小成正比分配，其中 Z_2 上的电压降是用来加热零件的，而 Z_1 上的电压降则属于汇流条的阻抗损耗，所以汇流条的阻抗越小越好，即应该使 Z_1 远小于 Z_2。

对于高频感应器来说，$Z_1 \approx \omega L_1$，$Z_2 \approx \omega L_2$。横截面为正方形的感应器的电感可用下式求得：

$$L = \frac{4\pi al}{b} \times 10^{-9} \quad (H) \tag{2-11}$$

式中：l——汇流条的长度或者感应导体的长度；
　　　a——汇流条之间的距离或者感应导体与零件之间的间隙距离；

b——横截面的正方形边长(表征了截面尺寸)。

根据式(2-11),对于汇流条,要想减小其电感,可以减小汇流条的长度 l,并减小汇流条之间的距离 a,增加汇流条的截面宽度 b。对于感应导体,要尽量增大其电感,但是不能增加感应导体与零件间的距离 a,那样只会使漏磁增加,热效率严重下降。只能考虑增大 l/b 的比值,这可以通过增加感应导体的匝数来实现。

$$l = \pi D \cdot n \qquad (2\text{-}12)$$

式中:D 是感应器内径,n 是感应器的匝数。

增加匝数即增加了感应器的安培匝数及感应导体上的电压,这有利于提高感应器的效率。当感应导体电感远大于汇流条电感时,再增加匝数,对汇流条与感应导体上电压的分配已无明显影响,但却使总阻抗增加,使感应器上的电流减小,影响功率输出。因此,要合理选择感应器的匝数。

(4)设备频率及加热比功率的选择

为实现高质量的感应加热,首先必须正确选择设备的频率。设备频率除对实现加热技术要求有很大作用外,对于充分发挥设备的效能,提高生产率,节省电能也很重要。所谓设备频率的选择,这里指的是选择合理的频带(频率范围),并不是严格的具体数值。

对于形状简单的零件,主要根据加热层的深度要求进行设备频率选择。比如说对厚度为 6mm 的低碳钢板进行表面感应加热,希望加热层厚度 δ_x 约为 1.5mm 左右。

当加热层厚度 δ_x 等于或者小于该频率的热态电流透入深度 $\delta_{热} = 50/\sqrt{f}(\text{cm})$ 时,就可以保证在透入式条件下加热,即所选择的频率应满足以下的不定式:

$$f \leq \frac{2500}{\delta_x^2}$$

它是所用合理频率的上限。频率也不宜过低,否则需要采用过大的比功率才能获得良好的规定的加热层深度要求。当比功率增大时,感应器的单位损耗也随之增大。感应器的单位损耗大于 0.4kW/cm² 时,在一般冷却条件下,很难避免感应器被烧毁。为此,规定加热层厚度 δ_x 不小于热态电流透入深度的 1/4,即所用频率的下限应该满足不等式

$$\frac{150}{\delta_x^2} < f$$

所选择的频率,也就是说,设备的频率应该选择在上下限频率范围之内。即

$$\frac{150}{\delta_x^2} < f < \frac{2500}{\delta_x^2} \tag{2-13}$$

式中:$f_1 = \dfrac{150}{\delta_x^2}$,称为下限频率或最低频率;

$f_2 = \dfrac{2500}{\delta_x^2}$,称为上限频率或最高频率。

实际的实验表明,当加热层深度为热态电流透入深度的 40%~50%时,加热的总效率(包括电效率和热效率)最高,由此可在上述范围内求得最佳频率。

$$f_{最佳} = \frac{600}{\delta_x^2}$$

实验中厚度为 6mm 的低碳钢板,为了便于弯曲变形,需要在厚度方向能有较大的温度梯度,所以期望的加热层厚度约为 0.5~2mm 之间,根据这个厚度范围,按式(2-13)进行计算可得到设备的频率范围应该是 3.75kHz < f < 1000kHz。

当然,如果加热较厚板时,热态电流的透入深度要能更大一些,那么就需要适当降低感应频率。

加热比功率的选择:在一定的频率下,感应加热速度取决于零件单位表面积上所吸收的电功率(kW/cm²),也就是所谓的比

功率。显然,比功率越大,加热速度越快。加热速度除了跟比功率有关外,还与频率有关。在相同的比功率下,频率越高,电流透入深度越浅,具有较高的加热速度。

在设备频率确定后,正确的选择加热比功率值,对于满足零件的加热厚度要求是很重要的。实际生产中,零件获得的真正比功率是难于知晓和测定的。通常用已知的设备输出或输入功率除以零件同时被加热的面积来粗略估算加热的比功率。按此计算的比功率即使相同,随着设备调整状态和感应器设计,加工的不同,以及零件的形状和尺寸不同,零件所获得的真正比功率差别也很大。因为电效率和热效率是各不相同的。

2.2 有限元基本理论与高频感应加热数值模拟

2.2.1 有限元法简介

目前在工程技术领域常用的数值模拟方法有:有限单元法、边界元法、离散单元法、有限差分法,有限元法是应用最广泛和最实用的一种。有限元方法是将连续体离散化的一种近似方法:将问题的求解域划分为一系列单元,单元之间仅靠节点相连,单元内部点的待求量可由单元节点量通过选定的函数关系插值求得。其理论基础是变分原理、连续体剖分与分片插值。由于单元形状简单,易于由平衡关系或能量关系建立节点量之间的关系方程式,然后将各个单元方程组合在一起形成总体代数方程组,加入边界条件后进行求解。单元划分越细密,计算结果就越精确。现代有限元方法包括静态有限元方法、瞬态有限元方法和支持有限元分析的前后处理算法。它们是一个内容极其广泛的方法集合体。静态有限元方法是有限元方法的基础,瞬态有限元方法是它的推广和发展,增加了如何处理时间离散化方程的算法,前后处理算法是在应用有限元方法和开发有限元软件过程中发展起来的数值和非数值方法。

2.2.2 有限元分析的算法结构

有限元分析的一般步骤如下(图2-1)：

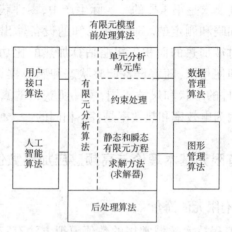

图2-1 有限元软件的算法结构

(1) 简化科学或工程问题，确定需要分析问题的几何拓扑结构、物理模型和定解数据；

(2) 根据上述条件确定数学力学模型，选择有限元软件；

(3) 根据数学力学模型和有限元软件的功能，输入定解数据，进行有限元网格剖分，形成分析对象的有限元模型；

(4) 使用合适的有限元软件进行有限元分析；

(5) 分析和判断计算结果的正确性和实用性，对计算结果进行处理，产生图形数据输出。若计算结果不能满足用户要求，则需要修改模型重新计算。

对于有限元分析，最关键的是有限元模型生成的前处理算法，包括各种单元形态的单元库，求解各种有限元方程的解法库，自动生成有限元模型,减少用户手工生成有限元分析模型的工作量和错误,并提高有限元分析的效率和效果。至于后处理的算法,名目繁多,涉及到数据管理、图形处理、用户接口、人工智能等技术。

2.2.3 高频感应加热数值模拟技术

由于影响因素较多,非线性、瞬时作用以及温度相关性效应等原因,难以正确描述在各种情况下产生的残余应力和变形。如图2-2所示,在研究中,将整个过程分解为温度场、应力变形场和显微组织状态场。已经证明,这种分解特别对残余应力和变形的数值分析处理很有价值。图中,箭头表示的是相互影响:实线箭头表示强烈的影响,虚线箭头表示弱影响(在工程上常常可以忽略其关联)。其中,显微组织的转变是分析过程中不可忽略的因素。显微组织的转变不仅与材料化学成分有关,还与其受热过程有关。图2-3是显微组织转变影响的详细解析。

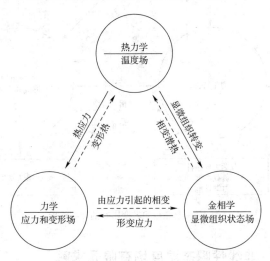

图2-2 温度场、应力和变形场、显微组织状态场的关系

如何将温度场、应力变形场、显微组织转变进一步结合起来,对高频感应加热的热力过程进行有限元分析,仍是未来的研究方向。

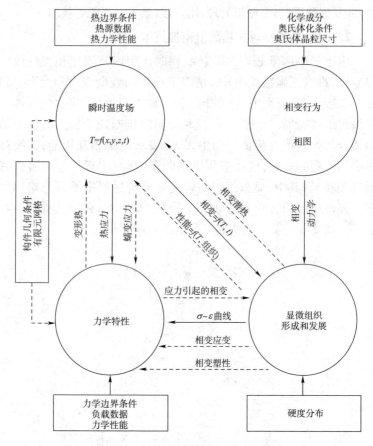

图 2-3　显微组织转变影响的详细解析

2.3　非线性瞬态温度场有限元求解

高频感应加热的热过程贯穿整个成型过程的始终,高频感应加热过程与焊接的热过程既有联系又有区别。准确地了解高频感应加热的热过程是进行应力应变分析和对成型过程进行控制的前提。但是目前三维温度场的测定还是一个难题,必须借助数学方法进行计算分析。经典的雷卡林公式是在大量假设基础上来计算构建中各点的温度及其变化,有一定的局限性。实际的导热问题大多是复杂的不稳定导热问题。在二维分析的基础上,学者探讨了三维瞬态温度场的有限元模拟和提高求解精度的若干途径,比如热源模型的选取、网格划分和时间步长的优化、采用集中质量热容矩阵克服"阶跃"现象等等。

2.3.1 有限元基本方程

在笛卡儿坐标系中导热固体内部的任一微单元的热平衡可表示为

$$\frac{\partial}{\partial x}\left(k\frac{\partial T}{\partial x}\right)+\frac{\partial}{\partial y}\left(k\frac{\partial T}{\partial y}\right)+\frac{\partial}{\partial z}\left(k\frac{\partial T}{\partial z}\right)+\overline{Q}=\frac{\partial}{\partial t}(\rho c T) \quad (2-14)$$

式中:$\overline{Q}$——微单元中的热源,W/m^3;

k——热导率,$W/(m \cdot K)$;

ρ——材料密度,kg/m^3;

c——比热容,$J/(kg \cdot K)$。

因为 k、c 和 ρ 是温度的函数,所以式(2-14)是非线性的。在数值计算中,常用分段的插值公式计算 k、c 和 ρ,或在每一温度段内将 k、c 和 ρ 取成定值。

有限元法计算温度场,实际是求该温度函数在各节点的近似值[26]。设温度场划分成 N 个单元,N_J 个节点。在有限单元法中,每一个单元中的温度分布都用各节点的温度线性插值多项式表示

$$T(x,y,z,t)=\sum_{i=1}^{k}N_i(x,y,z)T_i(t) \quad (2-15)$$

式中，N_i 为形函数，随单元类型不同而变化，k 为单元节点数。研究采用 8 节点等参单元。

（1）空间域的离散

根据积分的定义，计算域的总泛函 I 等于各单元泛函 I^e 之和，即：

$$I = \sum_{e=1}^{N} f(\sum_{i=1}^{k} N_i(x,y,z) T_i(t)) \qquad (2\text{-}16)$$

$$\frac{\partial I}{\partial T_J} = 0 \quad (J = 1, 2, 3, \cdots, N_J)$$

采用迦辽金的加权残数法将 N_J 个节点叠加起来，可得到：

$$[K]\{T\} + [C]\frac{\partial}{\partial t}\{T\} = \{P\} \qquad (2\text{-}17)$$

式中：总导热矩阵 $\quad [K] = \sum_{e=1}^{N} [K_t]^e + [K_s]^e$

总变温矩阵 $\quad [C] = \sum_{e=1}^{N} [C]^e$

总热流矩阵 $\quad [P] = \sum_{e=1}^{N} [P]^e$

而 $[K_t]^e = \iiint \left(\frac{\partial [N]^T}{\partial x} k \frac{\partial [N]}{\partial x} + \frac{\partial [N]^T}{\partial y} k \frac{\partial [N]}{\partial y} + \frac{\partial [N]^T}{\partial z} k \frac{\partial [N]}{\partial z} \right) dxdydz$

$$[K_s]^e = \iint [N]^T a [N] dS$$

$$[C]^e = \iiint [N]^T \rho c [N] dxdydz$$

$$[P]^e = \iiint \overline{Q}[N] dxdydz + \iint q_s [N] dS + \iint a T_0 [N] dS$$

（2）时间域的离散

由于式(2-17)中的 $[K]$、$[C]$、$[P]$ 都是未知量 T 的函数，随时间的变化而变化，因而是非线性的微分方程组。这里采用加权差分法对时间域进行离散。在每个时间步长 Δt 内，对于 $t + \Delta t$ 采用

泰勒展开式可解出

$$\{T\}^{t+\theta*\Delta t} = \theta\{T\}^{t+\Delta t} + (1-\theta)\{T\}^t + o(\Delta t^2) \quad (2-18)$$

$$\frac{\partial}{\partial t}\{T\}^{t+\theta*\Delta t} = \frac{1}{\Delta t}(\{T\}^{t+\Delta*t} - \{T\}^t) + o(\Delta t^2) \quad (2-19)$$

代入式(2-17)矩阵方程,取 $\theta = \dfrac{2}{3}$,经整理得

$$\frac{1}{\Delta t}[C^\theta]\{T\}^{t+\Delta t} + \frac{1}{\Delta t}\theta[K^\theta]\{T\}^{t+\Delta t}$$

$$= \left(\frac{1}{\Delta t}[C^\theta] - (1-\theta)[K^\theta]\right)\{T\}^t + \theta\{P\}^{t+\Delta t} + (1-\theta)\{P\}^t$$

$$(2-20)$$

这样就把复杂的微分方程的求解问题转变成线性方程组的求解。

2.3.2 求解非线性瞬态温度场的变步长外推法

求解非线性方程组时采用变步长外推法,将 $T^{(t-\Delta t)}$、$T^{(t+\Delta t)}$ 在 T^t 泰勒展开,得到:

$$T^{(t-\Delta t_1)} = T^{(t)} - \frac{\partial}{\partial t}T^{(t)}\Delta t_1 + o(\Delta t_1^2) \quad (2-21)$$

$$T^{(t+\Delta t)} = T^{(t)} + \frac{\partial}{\partial t}T^{(t)}\Delta t + o(\Delta t^2) \quad (2-22)$$

由式(2-21)、(2-22)消去 $\dfrac{\partial}{\partial t}T^{(t)}$,令 $A = \dfrac{\Delta t}{\Delta t_1}$,得到:

$$T^{(t+\Delta t)} = T^{(t)} + A(T^{(t)} - T^{(t-\Delta t_1)}) \quad (2-23)$$

代入式(2-18)得到:

$$T^{(t+\Delta t)} = T^{(t)} + \theta A(T^{(t)} - T^{(t-\Delta t_1)}) + o(\Delta t^2) \quad (2-24)$$

若 $t-\Delta t_1$ 和 t 时刻的温度 $T^{(t-\Delta t_1)}$ 和 $T^{(t)}$ 已知,由式(2-23)得 $T^{(t+\theta\Delta t)}$ 来计算 $[K^\theta]$、$[C^\theta]$,再由式(2-20)求出 $T^{t+\Delta t}$,而不必在每一个时间步长里进行迭代。$\theta = 2/3$,式(2-20)无条件稳定。

2.4 热—弹塑性方法

热—弹塑性动态模拟是以有限元方法为基础,把结构抽象为一定的物理模型,先将其离散为微小单元,使用数学方法将表征结构物热—弹塑性物理过程各有关力学方程变换为各微小单元里的数学计算式。在对各单元进行弹塑性力学分析的基础上,同时加入因温度变化而产生的热应力作用影响,然后将各单元对整体结构的贡献进行叠加,形成对整个结构的力平衡计算方程组;对方程组求解,就可以得到在特定载荷作用下,单元各节点的位移,最后求解其他力学方程,就可求出各单元内部的应力应变量。由此可对整个结构物的力学形态得以了解并据此进行更为深入的分析。

2.4.1 基本方程和解的收敛性判别

(1) 基本假设

材料服从 Von. Mises 屈服准则;塑性区内材料的纤维服从增量法则,并符合应变硬化规律;材料的机械性能(E, σ_s, α)随温度变化;与温度有关的机械性能、应力应变在微小的时间增量内线性变化。

Von. Mises 条件:对于初始各向同性材料,在一般应力状态下开始进入塑性流动的条件是

$$F^0 \equiv F^0(\sigma_{ij}) = 0 \qquad (2-25)$$

式中,σ_{ij} 表示应力张量分量,$F^0(\sigma_{ij})$ 的几何意义可以理解为九维应力空间的一个超曲面。

Von. Mises 条件认为

$$F^0(\sigma_{ij}) = \frac{1}{2} s_{ij} s_{ij} - \frac{\sigma_{s0}^2}{3} = 0 \qquad (2-26)$$

其中：σ_{s0}是材料的初始屈服应力；

$s_{ij} = \sigma_{ij} - \sigma_m \delta_{ij}$是偏斜应力张量分量；

$\sigma_m = \dfrac{1}{3}(\sigma_{11} + \sigma_{22} + \sigma_{33})$是平均正应力。

并且有以下关系

$$\dfrac{1}{2}s_{ij}s_{ij} = \dfrac{\overline{\sigma}}{3} = J_2 \qquad (2-27)$$

其中：$\overline{\sigma}$是等效应力；

J_2是第二应力不变量。

在三维主应力空间，Von. Mises 屈服条件可表示为

$$F^0(\sigma_{ij}) = \dfrac{1}{6}[(\sigma_1 - \sigma_2)^2 + (\sigma_2 - \sigma_3)^2 + (\sigma_3 - \sigma_1)^2] - \dfrac{1}{3}\sigma_{s0}^2$$
$$= 0 \qquad (2-28)$$

其中，σ_1，σ_2，σ_3是三个主应力，式(2-28)的几何意义是以 $\sigma_1 = \sigma_2 = \sigma_3$ 为轴线的圆柱面。在过原点、并且垂直于直线 $\sigma_1 = \sigma_2 = \sigma_3$ 的 π 平面上，屈服函数 F^0 的轨迹是半径为 σ_{s0} 的圆周，如图 2-4 所示。而在 $\sigma_3 = 0$ 的平面上（即 σ_1、σ_2 子空间），屈服函数的轨迹是一椭圆，其长半轴为 $\sqrt{2}\sigma_{s0}$，短半轴为 $\sqrt{\dfrac{2}{3}}\sigma_{s0}$，如图 2-5 所示。

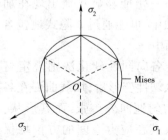
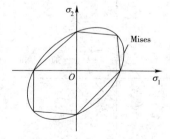

图 2-4　π 平面上的屈服轨迹[20]　　图 2-5　$\sigma_3 = 0$ 的平面上的屈服轨迹[20]

Von. Mises 流动法则：Von. Mises 流动法则假设塑性应变增量

可从塑性势导出,即

$$d\varepsilon_{ij}^p = d\lambda \frac{\partial Q}{\partial \sigma_{ij}} \qquad (2-29)$$

其中,$d\varepsilon_{ij}^p$是塑性应变增量的分量;$d\lambda$是一正的待定有限量,它的具体数值和材料硬化法则有关;Q是塑性势函数,一般说它是应力状态和塑性应变的函数。对于稳定的应变硬化材料,Q通常取与后继屈服函数 F 相同的形式,称之为与屈服函数相关的塑性势。对于关联塑性情况,流动法则表示为

$$d\varepsilon_{ij}^p = d\lambda \frac{\partial F}{\partial \sigma_{ij}} \qquad (2-30)$$

从微分学知识可知,$\dfrac{\partial F}{\partial \sigma_{ij}}$定义的向量正是沿应力空间内的后继屈服面 $F=0$ 的法线方向,所以 Mises 流动法则又称为法向流动法则。

各向同性硬化法则:硬化法则规定材料进入塑性变形后的后继屈服函数(又称加载函数或加载曲面)。一般说加载函数能采用以下形式

$$F(\sigma_{ij}, \varepsilon_{ij}^p, k) = 0 \qquad (2-31)$$

其中,k 是硬化参数,它依赖于变形的历史过程。现时的塑性应变 ε_{ij}^p 不一定能够显式地出现在加载函数中,可能通过 k 隐式地包含在 F 当中。

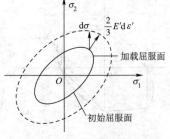

图 2-6 各向同性硬化

各向同性硬化法则规定材料进入塑性变形后,加载曲面在各方向均匀地向外扩张,而其形状、中心及其在应力空间的方位均保持不变。例如对于 $\sigma_3=0$ 的情况,初始屈服轨迹和后继屈服轨迹如图 2-6 所示。采用 Mises 屈服条

件,则各向同性硬化的后继屈服函数可以表示为

$$\left.\begin{aligned} F(\sigma_{ij},k) &= f - k = 0 \\ f &= \frac{1}{2}s_{ij}s_{ij} \\ k &= \frac{1}{3}\sigma_s^2(\bar{\varepsilon}^p) \end{aligned}\right\} \quad (2\text{-}32)$$

其中,σ_s 是现时的弹塑性应力,它是等效塑性应变 $\bar{\varepsilon}^p$ 的函数,

$$\bar{\varepsilon}^p = \int d\bar{\varepsilon}^p = \int \left(\frac{2}{3}d\varepsilon_{ij}^p d\varepsilon_{ij}^p\right)^{1/2} \quad (2\text{-}33)$$

$\sigma_s(\bar{\varepsilon}^p)$ 可从材料的单轴拉伸试验 $\sigma \sim \varepsilon$ 曲线得到,定义

$$E^{p0} = \frac{d\sigma_s}{d\bar{\varepsilon}^p} \quad (2\text{-}34)$$

为材料塑性模量,又称硬化系数。它和弹性模量 E 以及切线模量 $E^t(=d\sigma/d\varepsilon)$ 的关系是:

$$E^p = \frac{EE^t}{1 - E^t} \quad (2\text{-}35)$$

各向同性硬化法则主要使用于单调加载情况。如果用于卸载情况,它只适合反向屈服应力 σ_{s1} 等于反转点 σ_{r1} 的材料,而通常材料不具有这种性质。

(2)应力应变关系

材料处于体系或塑性状态的应力应变的关系为:

$$\{d\sigma\} = [D]\{d\varepsilon\} - \{C\}dT \quad (2\text{-}36)$$

式中,$\{d\sigma\}$ 为应力分量,$\{d\varepsilon\}$ 为应变分量。而 $[D] = [D^e]$,$\{C\} = \{C^e\}$,内标 e 表示弹性,相应矩阵为弹性矩阵。E 为弹性模量,σ_s 为屈服强度,α 为线膨胀系数,μ 为泊松比,$\{C\}$ 是材料性能随温度导出的向量。

$$[D^e] = \frac{E}{(1+\mu)(1-2\mu)} \begin{bmatrix} 1-\mu & \mu & \mu & 0 \\ \mu & 1-\mu & \mu & 0 \\ \mu & \mu & 1-\mu & 0 \\ 0 & 0 & 0 & \dfrac{1-2\mu}{2} \end{bmatrix}$$

(2-37)

$$\{C^e\} = \begin{Bmatrix} \dfrac{E}{1-2\mu}\left[\alpha + \dfrac{\partial \alpha}{\partial T}T\right] - \dfrac{\sigma_r}{E}\dfrac{dE}{dT} \\ \dfrac{E}{1-2\mu}\left[\alpha + \dfrac{\partial \alpha}{\partial T}T\right] - \dfrac{\sigma_\theta}{E}\dfrac{dE}{dT} \\ \dfrac{E}{1-2\mu}\left[\alpha + \dfrac{\partial \alpha}{\partial T}T\right] - \dfrac{\sigma_Z}{E}\dfrac{dE}{dT} \\ -\dfrac{\tau_{rz}}{E}\dfrac{dE}{dT} \end{Bmatrix}$$

(2-38)

在塑性区应力应变的形式保持不变,但$[D] = [D^p]$,$\{C\} = \{C^p\}$,p 表示材料塑性阶段,相应的矩阵为塑性矩阵。

$$[D^p] = [D^e] - \frac{1}{S_0}\{S\}\{S\}^T \quad (2\text{-}39)$$

$$\{C^p\} = \{C^e\} - \frac{1}{S_0 E}\frac{dE}{dT}\{S\}\{\varepsilon\}^T\{S\} - \frac{2}{3}\frac{\sigma_S}{S_0}\frac{\partial \sigma_S}{\partial T}\{S\} \quad (2\text{-}40)$$

$$\{S\} = \frac{E}{1+\mu}\{\sigma\} = \frac{E}{1+\mu}\{\sigma_x \quad \sigma_y \quad \tau_{xy} \quad \sigma_z\}^T = \{S_1 \quad S_2 \quad S_3 \quad S_4\}$$

(2-41)

式中:$S_0 = \dfrac{4}{9}\bar{\sigma}^2 H + \dfrac{E}{1+\mu}(S_1\sigma_r + S_2\sigma_\theta + S_3\sigma_z + S_4\tau_{zr})$ (2-42)

记 $\sigma'_x = \sigma_x - \sigma_m$,$\sigma'_y = \sigma_y - \sigma_m$,$\sigma'_z = \sigma_z - \sigma_m$,

$\sigma_m = \dfrac{1}{3}(\sigma_x + \sigma_y + \sigma_z)$

$\bar{\sigma} = \dfrac{\sqrt{2}}{2}[(\sigma_r - \sigma_z)^2 + (\sigma_z - \sigma_\theta)^2 + (\sigma_r - \sigma_\theta)^2 + 6\tau_{rz}^2]^{\frac{1}{2}}$

$$H = \frac{d\bar{\sigma}}{d\bar{\varepsilon}_p}$$

其中 $\bar{\sigma}$ 为等效应力，$\bar{\varepsilon}_p$ 为等效应变，H 为应变硬化指数。当材料处于塑性区，卸载判别式为

$$\lambda = \frac{2}{3}\frac{\bar{\sigma}}{S_0}\left[\{d\varepsilon\}^T\{S\} + \frac{1}{E}\frac{dE}{dT}\{S\}\{\varepsilon\}dT - \frac{2}{3}\frac{\bar{\sigma}\partial\sigma_s}{\partial T}dT\right] \quad (2\text{-}43)$$

当 $\lambda < 0$，代表卸载。

在微小加载单元由弹性状态进入塑性状态区域称为过渡区。此时过渡区有

$$\{d\sigma\} = [\overline{D^{ep}}]\{d\varepsilon\} - \{\overline{C^{ep}}\}dT \quad (2\text{-}44)$$

$$[\overline{D^{ep}}] = m[D^e] - (1-m)[D^p]$$

$$\{\overline{C^{ep}}\} = m\{C^e\} - (1-m)\{C^p\}$$

$$m = \frac{\sigma_s - \bar{\sigma}}{\Delta\bar{\sigma}}$$

式中，m 为加权系数，$\bar{\sigma}$ 为加载前的等效应力，$\Delta\bar{\sigma}$ 为加载后估计可能得到的等效应力增量。经过 2~3 次的迭代可得到较为满意的加权系数。

2.4.2 改善三维热—弹塑性分析计算精度的途径

(1) 三维温度场的有限元计算

温度场分析是热—弹塑性分析的前提，必须采用稳定可靠的三维热传导有限元计算方法，并考虑热源形式、网格划分、时间步长等方面，保证温度场计算精度。

(2) 材料性能的温度依赖性和高温时的处理

材料性能温度曲线上突变点附近常导致计算精度的降低，为此需要尽可能以圆滑过渡较好。此外，常常缺乏高温时的实验资料，此时假定材料的弹性模量和屈服应力均为很小的数值。然而如果假定不匹配，可能产生卸载时应力反而增大的不合理现象。

因此,要考虑由于弹性模量改变而导致的应力变化效应热膨胀引起的变化。

(3)计算步长和网格划分

计算时的温度步长 ΔT 不能太大,一般应小于 10℃,在网格划分结合计算机容量,近加热线区细密,远加热线区可以较粗,以适应温度和应力计算的梯度。

(4)采用不平衡节点载荷自校正技术

2.5 固有应变法

2.5.1 固有应变的定义

所谓固有应变简单地可以理解为经过热循环后,残余在物体中的引起物体应力和变形的应变,也有的学者把它称之为残余塑变。残余塑变有限元法是一种简化后的比较经济的预测变形的方法。固有应力和固有应变最早是日本学者提出和应用的概念。固有应力是在不受外力作用下物体内部所存在的应力。因此固有应力实际就是我们经常所说的内应力,残余应力就是一种典型的固有应力。所谓固有应变可以看成是固有应力的产生源。若将物体处于既无外力也无内力的状态看作为基准状态,固有应变就是表征从应力状态切离后处于自由状态时,与基准状态相比所发生的应变,它等于总的变形减去弹性应变。

既然固有应变可以看成是内应力的产生源,若把物体处于既无外力也无内力的状态看作为基准状态,固有应变 ε^* 就是表征从应力状态切离后处于自由状态时,与基准状态相比所发生的应变,它等于总的变形应变 ε 减去弹性应变 ε_e。

$$\varepsilon^* = \varepsilon - \varepsilon_e \qquad (2\text{-}45)$$

在加热过程中,如不考虑其他影响,固有应变将是塑性应变 ε_P、热应变 ε_T 和相变应变 ε_X 三者之和。

$$\varepsilon^* = \varepsilon_P + \varepsilon_T + \varepsilon_X \qquad (2\text{-}46)$$

加热过程结束以后固有应变就是塑性应变和相变应变二者残余量之和。对于低碳钢等材料,如不考虑相变应变,故固有应变就是残余塑性应变。

2.5.2 固有应变的生成机理及影响因素

为了研究固有应变的生成机理,以佐藤提出的弹簧约束的弹性棒模型为例,进行讨论。

如图 2-7 所示,弹簧约束的弹性棒经历了一个由室温到高温 ($T_{\max}$) 再回到室温的热循环,这里导入一个表征弹簧相对强度的拘束参数 β,由式(2-47)定义

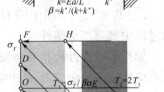

$$\beta = k^*/(k+k^*) \qquad (2\text{-}47)$$

式中:$k = aE/L$——棒的刚性;

k^*——弹簧的刚性;

a——棒的断面积;

L——棒的长度;

E——弹性模量。

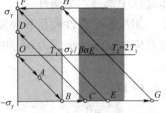

图 2-7 弹簧拘束的棒在热循环下的应力

如果假定弹性模量和屈服强度与温度无关,那么在温度较低的弹性区域,应力 σ、温度 T 和拘束参数 β 之间的关系可用式(2-48)表达:

$$\sigma = -\beta\alpha TE \qquad (2\text{-}48)$$

这里 α 是膨胀系数。在加热过程中,当压缩应力正好达到屈服应力 σ_Y 时,此时的加热温度称为 T_1,可用式(2-49)时求得:

$$T_1 = \sigma_Y/\beta\alpha E \qquad (2\text{-}49)$$

同样,在冷却过程中,称拉伸应力正好达到屈服应力 σ_Y 时的加热温度称为 T_2,T_1 和 T_2 满足式(2-50):

$$T_2 = 2T_1 \qquad (2\text{-}50)$$

如图 2-7 所示,这个弹簧约束的弹性棒中的应力和温度的关系随着最高达到温度的不同,可以分为 3 个不同的区域:

(1) $T_{\max} < T_1$,如图中的 $O-A-O$ 循环,由于最高达到温度很低,加热完成时还未达到屈服,因此没有塑性应变即固有应变产生。

(2) $T_1 < T_{\max} < T_2$,如图中的 $O-B-C-D$ 所示。在加热过程 $B-C$ 间发生了屈服,产生了塑性应变,但冷却过程中没有拉伸塑性应变产生。

(3) $T_2 < T_{\max}$,如图中的 $O-B-G-H-F$ 循环,在加热和冷却过程中都要产生塑性应变。

如果假定弹性模量和屈服强度与温度无关,则各个区域内的固有应变 ε^*、残余应力 σ^R 和残余变形 δ^R 的关系由下面的公式表达:

(1) $T_{\max} < T_1$

$$\varepsilon^* = 0$$
$$\sigma^R = 0$$
$$\delta^R = 0$$

(2) $T_1 < T_{\max} < T_2$

$$\varepsilon^* = -\alpha T_{\max} + \varepsilon_Y/\beta$$
$$\sigma^R = \alpha\beta E(T_{\max} - T_1) = \alpha\beta E T_{\max} - \sigma_Y$$
$$\delta^R = \varepsilon^* L = -\sigma L T_{\max} + \varepsilon_Y L/\beta$$

(3) $T_2 < T_{\max}$

$$\varepsilon^* = -\varepsilon_Y/\beta$$
$$\sigma^R = \sigma_Y$$

$$\delta^R = \varepsilon^* L = -\varepsilon_Y L/\beta$$

这里,$\varepsilon_Y = \sigma_Y/E$

$T_1 = \sigma_Y/E\alpha\beta$

从上面的公式中,可以清楚地看到,影响固有应变的主要因素是加热的最高达到温度 T_{max} 和拘束参数。在实际结构中,这两个参数分别对应于热输入和结构的板厚以及约束条件。

2.5.3 固有应变在热变形方面的研究现状

从 20 世纪 90 年代开始,日本研究者就把固有应变的理论引入热加工过程的应力和变形的研究中。在船体的焊接变形的控制和船板的线状加热弯曲成型等领域取得了突破性的进展,在组装有纵横加强筋的结构焊接变形预测中,将焊接部位生成的局部变形(也就是固有变形)作为结构物变形的主要因素,并且考虑组合过程中的根部间隙、错边以及矫正这些间隙和错边过程中产生的变形,预测结果和实验值吻合较好,为日本船舶工业的工艺技术和自动化装备水平的进一步提高提供了理论指导。Jang 等预测了固有应变区,并提出了固有应变与材料的熔点温度和拘束度的关系,并基于固有应变理论提出等效载荷的方法,并成功应用于加筋板的焊接变形的预测。Asifa 利用固有应变理论对平板堆焊和角接焊焊缝附近的等效收缩力进行了计算,预测了焊接变形,结果跟实验值吻合较好。Murakawa 等针对目前在大型复杂焊接变形预测的局限性,提出基于固有应变的热弹塑性分析和弹性有限元方法。Mochizuk 等基于固有应变理论提出一种新的焊接变形预测方法,该方法能利用小型焊接接头和部件的热弹塑性的分析结果经过弹性分析能得到大型焊接结构的焊接变形,并将该研究成果应用于管件的焊接变形预测中。Dean 等利用固有应变理论预测大型结构在装配过程中考虑局部收缩和根部间隙的焊接变形,并基于固有应变理论,集合热弹塑性和大变形弹性有限元,成功应用于大型薄板等焊接变形的预测中。

  国内学者基于固有应变理论也开展了一定的研究。罗宇等通过对 TendonForce 的研究,提出了焊接接头中的固有应变所产生的固有应力的积分值 TendonForce 的计算方法,得到 TendonForce 与输入能量的关系式,通过典型船体结构的焊接变形预测、低温储罐结构以及大型薄板结构的焊接变形计算的实例,验证了固有应变为基础的弹性板单元有限元残余变形预测法在船舶工业中应用的可行性。侯志刚基于固有应变理论提出了固有应变加载的温度载荷法,对薄壁箱形梁和大型空间细长薄壁梁的焊接变形进行了分析,为大型薄板构件的点焊变形分析提供了新的思路。李鸿等提供了准确预测焊接变形的固有应变等效载荷法,运用有限元法结合固有应变理论以及实验结果对焊接变形进行分析,计算结果与实验结果吻合较好。徐济进等采用了基于固有应变理论的有限元法预测与阀体结构相似的筒体对接多道焊以及多路不同尺寸的焊管的焊接变形,计算值与测量值比较吻合,验证了固有应变法的准确性及可靠性。

第三章 船舶板材机械性能对成型结果的影响

船舶型面板材的加工制造是船舶制造的重要环节之一。现有的依赖于工人自身经验和技能的工艺方法,难以适应高效造船的要求;而且技术工人的老龄化,使船用板材曲面成型自动加工装备的研制和应用成为造船界必须尽快解决的问题。

要实现计算机辅助的高频感应加热自动弯板成型过程,就必须有加工方案的计算机辅助设计系统,该系统是建立在充分了解高频感应加热过程中的变形规律的基础上的。目前,船厂使用的钢板种类较多,且同一牌号的板材力学性能也有一定的波动。因此,探明力学性能的变化对高频感应弯板成型最终变形的影响,对建立高频感应加热参数与固有应变数据库有非常重要的意义。

本章将运用热弹塑性理论的有限元方法讨论板材机械性能,包括材料模型、材料弹性模量和材料屈服应力对板材最终面内收缩变形和角变形的影响。

3.1 研究模型

3.1.1 对象模型

研究对象为长1000mm、宽1000mm、厚20mm的平板,考虑到对称性,选择其中一半进行分析。在划分有限元网格时为提高计算的精度和速度,采用不均匀网格划分,同时由于加热线附近的温度梯度大,因此在加热线附近的网格划分细密,而在远离加热线处采用较粗大的网格,研究对象及有限元网格划分如图3-1所示。计算时采用三维块体单元,该单元由8节点组成,有单一自由度即温度,其中单元总数为5150,节点总数为6561。最小单元尺寸为 $12.5 \times 5 \times 2.5 \text{mm}^3$。

边界条件为:在 $y=0$ 的平面上施加对称条件,点(0,500,20)在 x、z 两个方向上的位移为0,点(1000,500,20)在 z 方向的位移为0(图3-1)。

加热热源:圆形高频感应加热源,如图3-2所示。

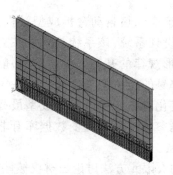
图3-1 有限元分析模型图

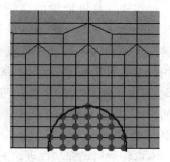
图3-2 模拟热源

加热热源沿直线: $\begin{cases} y=0 \\ z=0 \end{cases}$ 从平板背面加热,图3-3a)为加热面放大显示图,图3-3b)为侧面视图。

3.1.2 材料热物理参数

选用材料为低碳钢,具体属性如图3-4~图3-8所示。

第三章 船舶板材机械性能对成型结果的影响

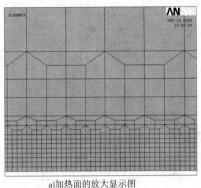
a)加热面的放大显示图

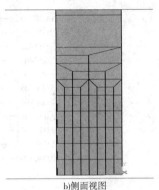
b)侧面视图

图 3-3

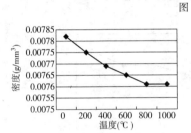

图 3-4 材料密度随温度的变化曲线

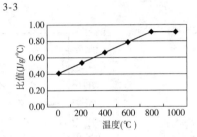

图 3-5 材料比热随温度的变化曲线

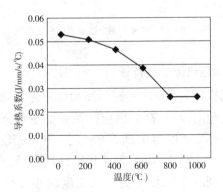

图 3-6 材料导热系数随温度的变化曲线

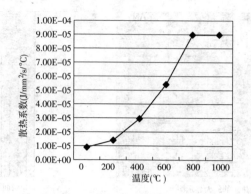

图 3-7 材料散热系数随温度的变化曲线

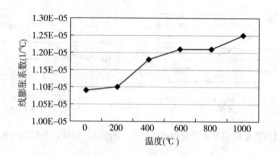

图 3-8 材料线膨胀系数随温度的变化曲线

3.1.3 加热热源及其特征

研究采用直径为 80mm 的圆形高频感应加热源对平板加热。基于理论和实验的分析,高频感应热源有如下特征:在感应线圈中心正下方的热流密度为 0,随着半径增大热流密度也逐渐增大,当增加到最大时,维持一段距离又开始逐渐衰减,衰减到 0 时又开始在径向出现一个三角形的热流密度的小波峰,如图 3-9 所示。由此可见当感应线圈距钢板的高度变化时,热流密度峰值的半径以及峰值都会发生变化。

3.2 材料模型的影响

为研究材料模型的影响,将分析比较理想弹塑性、具有加工硬化的双线性和多线性三种材料模型,在加热条件完全相同情况下的结果。三种材料属性分别如图3-10~图3-12所示。图中σ_Y为屈服应力(即弹性阶段最大应力),σ_{YU}为塑流阶段最大应力,σ_U为弹塑性阶段最大应力(即多线性模型的极限应力);E_1、E_2、E_3分别为弹性阶段、塑流阶段、弹塑性阶段的弹性模量。

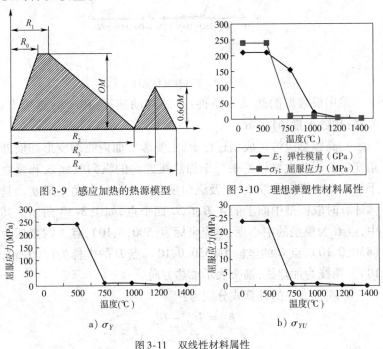

图3-9 感应加热的热源模型

图3-10 理想弹塑性材料属性

a) σ_Y

b) σ_{YU}

图3-11 双线性材料属性

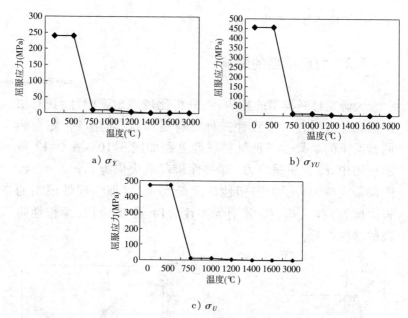

图 3-12 多线性材料属性

采用最常见的热输入条件:热源移动速度:10m/s;热效率:0.75;热输入量:6J/mm³。

在高频感应弯板成型过程中,主要考虑面内收缩变形和面外角变形。因此主要讨论平行于加热线方向的纵向收缩 δ_x 和垂直于该方向的横向收缩 δ_y,以及纵向角变形 θ_x 和横向角变形 θ_y。具体计算时取模型中面上的 A、B、C、D 四个点,如图 3-13 所示。其中,点 C 为模型的中心点,对应坐标为(500,0,10),点 A 的坐标为(450,0,10),点 B 的坐标为(550,0,10),点 D 的坐标为(500,50,10)。粗线为加热线,箭头表示加热方向。

δ_x、δ_y、θ_x、θ_y 的计算式分别为:

$$\delta_x = U_{xA} - U_{xB}$$
$$\delta_y = 2(U_{yD} - U_{yC})$$

第三章 船舶板材机械性能对成型结果的影响

$$\theta_x = [(U_{zA} - U_{zB}) - 2U_{zC}]/(x_A - x_B)$$
$$\theta_y = (U_{zD} - U_{zC})/(y_D - y_C)$$

式中：x_A、x_B——点 A、B 的 x 坐标值；

y_C、y_D——点 C、D 的 y 坐标值；

U_{xA}、U_{xB}——点 A、B 沿 x 方向的位移；

U_{yC}、U_{yD}——点 C、D 沿 y 方向的位移。

三种不同材料模型的变形结果的比较情况如图 3-14 和图 3-15 所示。图中 δ_x、δ_y、θ_x 和 θ_y 分别表示纵向收缩、横向收缩、纵向角变形和横向角变形。

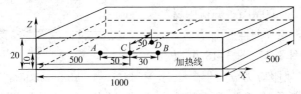

图 3-13 计算点示意图

从图 3-14、图 3-15 可见，三种材料模型的分析结果相当接近，横向收缩的最大差别仅为 4.04%；横向角变形最大差别仅为 4.30%。且纵向变形（无论是面内收缩变形还是面外角变形）都远小于横向变形，因此横向变形是平板最终变形的主要影响因素。通过以上讨论可以认为材料模型的变化对最终变形的影响很小。

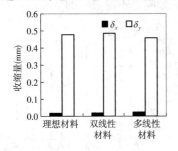 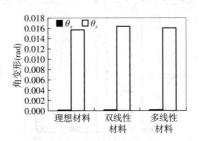

图 3-14 面内收缩结果比较　　图 3-15 角变形结果比较

3.3 屈服应力的影响

为了讨论屈服应力 σ_y 的影响,在其他条件与上节计算完全相同的情况下,改变屈服应力 σ_y 的大小,分析如图3-16所示的工况Ⅰ、工况Ⅱ、工况Ⅲ、工况Ⅳ四种情况下的变形:即低温区屈服应力 σ_y 从240MPa逐渐增大至400MPa,四种情况的低温区屈服应力分别为240MPa、300MPa、350MPa和400MPa。分析中材料模型为理想弹塑性。

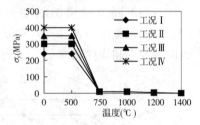

图3-16 屈服应力的取值情况图

从图3-17、图3-18可以看到,随着屈服应力 σ_y 的增大,纵向收缩变形、角变形都有增大的趋势:纵向收缩量的增幅分别为41.34%、17.47%、12.57%,工况Ⅳ相对工况Ⅰ增大86.91%;纵向角变形的增幅分别为52.08%、24.66%、16.48%,工况Ⅳ相对工况Ⅰ增大120.83%;横向角变形的增幅分别为5.982%、2.618%、1.042%,工况Ⅳ相对工况Ⅰ增大9.89%;但横向收缩变形则有较为显著的下降趋势,下降幅度分别为8.744%、6.644%、6.133%,工况Ⅳ相对工况Ⅰ下降20.032%。可见,屈服应力的影响是不能忽略的。

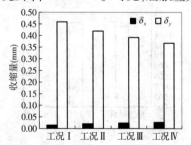

图3-17 σ_y 对收缩变形的影响

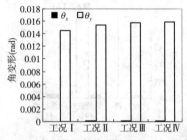

图3-18 σ_y 对角变形的影响

从纵横两方面来比较,可以看到,横向变形远大于纵向变形。这也说明,横向变形是平板的主要变形,在确定材料模型时主要考虑横向变形因素是正确的。

3.4 弹性模量的影响

选取弹性模量 E 如图 3-19 所示的四种不同的随温度变化趋势曲线,屈服应力 σ_y 取第 3.3 中的工况 I,其余条件不变。具体计算结果如图 3-20 和图 3-21 所示。

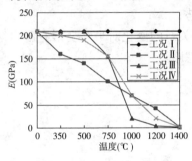

图 3-19　E 的取值模型

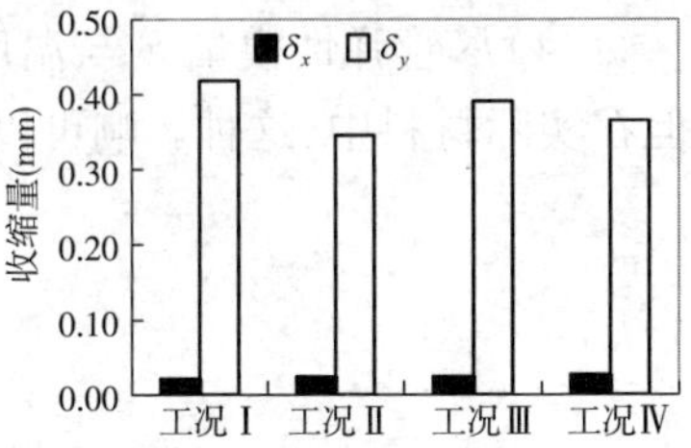

图 3-20　不同 E 情况下的收缩变形

如图 3-20 和图 3-21 所示,纵向收缩的最大变动为工况 IV 与工况 I 之间的变化,幅度为 28.731%;纵向角变形的最大变化为工况 IV 与工况 I 之间的变化,幅度为 52.055%;横向收缩的最大变化为工况 II 与工况 I 之间的变化,幅度为 17.561%,横向角变形的最大变化为工况 II 与工况 I 之间的变化,幅度为 4.056%。因主要考虑横向变形,杨氏模量 E 的取值对最终变形影响不大。

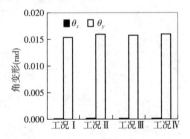

图 3-21　不同 E 情况下的角变形

3.5 本章小结

通过对材料模型、屈服应力和弹性模量的研究,得出以下结论:

(1) 横向变形是弯板成型的主要变形因素;

(2) 三种材料模型的分析结果相当接近,材料模型对最终变形影响不大;

(3) 随着屈服应力 σ_y 的增大,横向收缩变形有较为显著的下降趋势,而角变形则有增大的趋势;

(4) 尽管弹性模量 E 与温度关系的变化对最终变形有影响,但在实际材料中,这种影响可以忽略。

第四章 船舶板材热物理性能对成型结果的影响

水火弯板成型因其众多的成型参数而成为船体建造工艺中的最难技术之一。精确的加工工艺规程也因其众多影响参数而无法制定,所以在造船生产中该项任务仍然依靠技术工人的实践经验来完成。随着技术工人的老龄化,找出一个无需过分依赖操作人员技术的方法就成为迫在眉睫的需求,这也有利于实现批量生产的要求。

在国外有些企业已经初步实现了该项技术的自动化改造,而在国内这方面的基础研究刚刚起步。所以我们应当借鉴国外在这方面已经取得的研究成果,开发出自己的薄板自动成型设备和相关的软件系统,为把薄板成型工艺从主要依靠经验走向科学理论指导生产做好前期准备工作。上章分析了船舶板材机械性能(包括材料模型、材料弹性模量和材料屈服应力)对板材最终面内收缩变形和角变形的影响,本章将讨论船舶板材热物理性能对成型结果的影响。

高频感应加热的热过程贯穿整个成型过程的始终,板材热物理性能,包括板材表面换热系数、板材导热系数和线膨胀系数,对成型热过程中板材温度场有较大影响,从而影响板材的塑性成型过程和最终成型结果。

4.1 材料模型

模型材料为典型低碳钢,假设有理想弹塑性,材料热物理参数和力学性能随温度的变化情况分别如图4-1和图4-2所示。

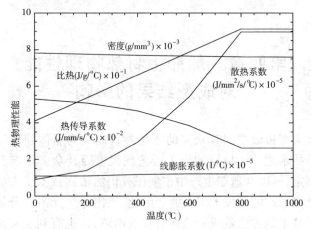

图4-1 低碳钢热物理参数—温度曲线图

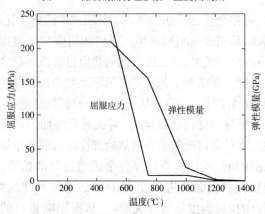

图4-2 模型材料力学性能—温度曲线图

船舶板材热物理性能对成型结果的影响不仅要考察图3-13中的各点,还要考察有关节点的温度时间历程情况,如图4-3所示,$A(450,0,10)$,$B(550,0,10)$,$C(500,0,10)$,$D(500,50,10)$;点A'、B'、C'、D'的坐标分别为$A'(450,0,0)$,$B'(550,0,0)$,

$C'(500,0,0)$,$D'(500,0,20)$。加粗带箭头直线为加热线(即热源移动轨迹),箭头为加热方向(即热源移动方向)。

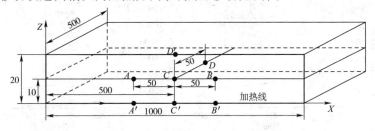

图 4-3 研究点示意图

4.2 模型表面换热系数对温度场及最终结果的影响

本章考虑模型表面换热系数为 $0J/(mm^2 \cdot s \cdot ℃)$、$0.000033 J/(mm^2 \cdot s \cdot ℃)$、$0.0016J/(mm^2 \cdot s \cdot ℃)$,分别代表绝热、空冷和水冷的情况,其中水冷还分析了正面水冷和反面水冷,同时也根据实际加工情况,在水冷时考虑了加热冷却的时间差的因素。

4.2.1 表面换热系数对温度场的影响

图 4-4a)~d)分别是图 4-3 中点 A'、B'、C'、D' 在各个换热系数下的温度变化曲线比较图。各图中,绝热表示换热系数为 $0J/(mm^2 \cdot s \cdot ℃)$、空冷表示换热系数为 $0.000033J/(mm^2 \cdot s \cdot ℃)$、正面水冷 1 表示加热面的换热系数为 $0.016J/(mm^2 \cdot s \cdot ℃)$ 其余各表面的换热系数均为 $0.000033J/(mm^2 \cdot s \cdot ℃)$ 且在开始加热的同时就进行水冷,正面水冷 2 表示加热面的换热系数为 $0.016J/(mm^2 \cdot s \cdot ℃)$ 其余各表面的换热系数均为 $0.000033J/(mm^2 \cdot s \cdot ℃)$ 但在加热结束后才开始水冷,反面水冷 1 和反面水冷 2 的意义与正面水冷 1、正面水冷 2 一致,只是水冷面不是在加热面,而是在反面而已。

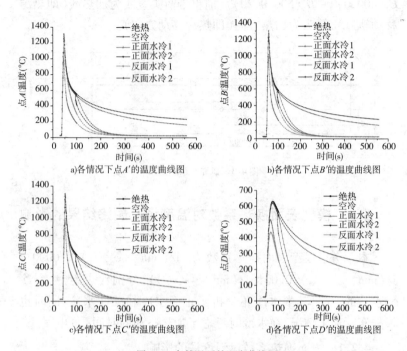

图4-4 各情况下的温度曲线图

从图a)~c)可看到,当热源移动到该点时,温度急剧上升,所达到最高温度也相近,之后开始冷却,其中正面水冷1的冷却速度最快,冷却约557s就可使整块平板温度接近室温,反面水冷1仅次于正面水冷1,冷却时间为581s;从这些图中还可看到,正面水冷2、反面水冷2的曲线上都有一转折点,代表开始水冷的时间点,该点之前是空冷状态,因此曲线也和空冷情况的完全重合;之后就是有水冷面了,温度梯度明显增加。绝热和空冷两种情况下的曲线明显比水冷时平缓,计算得知空冷需冷却7301s才能使整块平板温度接近室温,进行下一步的应力分析;而对于绝热情况,由于换热系数为0,不论冷却多长时间,平板的温度都停留在80~

90℃之间，根本不可能接近室温。因此在接下来的应力分析中所得结果与其余情况的结果都有明显不同。

从图 d)可看到，点 D' 的温度变化规律与所研究的其余各点有些差异：首先，因为点 D' 位于加热面背面，最高温度仅是其余各点的 1/2 左右，而且在各种冷却方式下的最高温度的区别也较大，反面水冷 1 的最高温度仅有 436℃，正面水冷 1 的最高温度 518℃，其余各情况的最高温度大致为 640℃，绝热时的最高温度比空冷时的最高温度稍微高些，但差距不大。正面水冷 2 和反面水冷 2 的温度曲线在开始水冷时也有转折点。

从以上分析可知，平板表面换热系数对平板温度场有较大影响。但由于一些技术原因，模拟水冷时，没有采用跟踪式模拟，而是假定将水同时溢满整块平板，这与实际加工可能会有些不同，因此所得结果可能会有一定误差。因此为了保证计算的精度，在本系列的其他因素研究中，采用空冷方式。

4.2.2 表面换热系数对应力场的影响

图 4-5 是各情况下的纵向位移云图，从这些图中可看到，绝热情况下的位移云图与其余情况下的区别最为显著。这是因为，绝热情况下平板最终温度场仍然有 80~90℃，远远高于室温，平板的弹性变形没有完全恢复，在这种情况下进行的应力应变分析结果就会与室温时的结果有较大差异。当然，绝热情况是极端情况，在实际生产过程中是不可能出现的，本文之所以分析这一极限情况是因为考虑到系列研究的完整性而做的。比较水冷的 4 种情况，可看到加热结束后才开始水冷的正面水冷 2 和反面水冷 1 的纵向位移均比正面水冷 1 和反面水冷 1 时的纵向位移大。这说明，在其余条件完全一致的情况下，冷却开始时间对变形有一定影响，在实际加工过程中可根据目标变形的大小来确定开始水冷的时间。

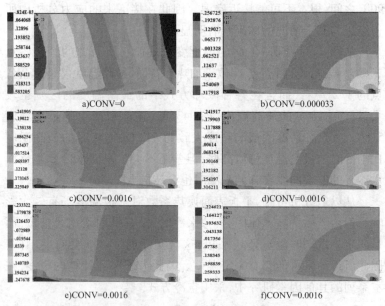

图 4-5 各情况的纵向位移云图

从图 4-6 可知,各情况的横向位移云图区别更大。和纵向位移的情况一样,绝热情况与其余情况区别最大,其原因也是因为在平板尚有较高温度时就进行后续的应力应变分析的缘故。但这些图还有一很明显的现象就是,开始水冷的时间对横向位移的影响比对纵向位移的影响更为显著。图 c)、e) 显示正面水冷 1 和反面水冷 1 时的横向收缩区域主要集中在加热结束半区,而图 d)、f) 则显示正面水冷 2 和反面水冷 2 的横向收缩区域主要集中在加热起始半区,且正面水冷 1、反面水冷 1 的横向变形分别比正面水冷 2 和反面水冷 2 的横向变形小。图 4-6b)、d)、f) 所示的三种情况,平板横向位移分布大致相同,且数值也接近。

以上这些结果说明,平板加热时的换热系数对平板最终变形影响较大,加热时段是决定平板最终成型的主要时机。在实际加工过程中,可根据目标变形的大小来决定开始冷却的时间及冷却方式。

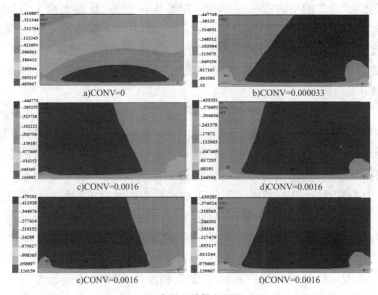

图4-6 各情况的横向位移云图

下面分析比较不同换热系数情况下的面内收缩和面外角变形:

从图4-7的面内收缩变形比较图可看到,除绝热情况外其余各情况的纵向收缩变形相差不大。分析具体的数据结果得出,空冷情况下的纵向收缩变形最小,纵向收缩变形最大差异是反面水冷1与空冷之间的差异,其相对误差为11.50%,而正面水冷1与空冷之间的纵向收缩变形相对误差为8.89%,正面水冷1与正面水冷2的纵向收缩变形相对误差仅有0.41%,反面水冷1和正面水冷1的横向收缩相对误差为2.13%,反面水冷1和反面水冷2的横向收缩变形相对误差为2.26%。而且纵向收缩变形远小于横向收缩变形。与纵向收缩变形相反,空冷情况下的横向收缩变形比其余情况下的横向收缩变形都大,比横向收缩变形最小的绝热情况大 17.67%,比正面水冷 1 也大了 9.90%。正面水冷 1 和正面水冷 2 的横向收缩变形相对误差为 6.26%,反面水冷 1 与反面水冷 2 的相对误差为 2.55%,反面水冷 1 与正面水冷 1 的横向收缩变形相对误差为 4.35%。可见,除去绝热这一极限情况外,随着平板加热面的换热系数的增大,平板的横向收缩变形逐渐减小。

同样可以从图 4-8 看到,纵向角变形比横向角变形小很多,相对于横向角变形来说,纵向角变形可以忽略不计。但从具体的数据结果分析来看,纵向角变形虽小,受平板表面换热系数的影响却很大。绝热情况和空冷情况的纵向角变形相差不大,分别为 0.0000491rad, 0.000048rad;但正面水冷 1 的纵向角变形只有空冷时纵向角变形的 1/2,为 0.000024rad;正面水冷 2 的纵向角变形为 0.000036rad,反面水冷 1 的纵向角变形最大,为 0.000069rad,反面水冷 2 的纵向角变形为 0.000046rad。从以上数据可看到,比较接近实际加工过程的正面水冷 2 和反面水冷 2 比空冷情况下的纵向角变形分别小 25%、4.17%,正面水冷 2 的纵向角变形比反面水冷 2 的纵向角变形小 21.74%,而正面水冷 1 比反面水冷 1 的纵向角变形小 65.22%,比正面水冷 2 的小 33.3%。

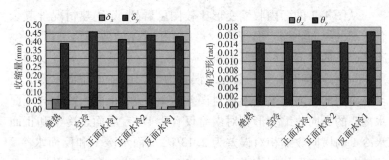

图 4-7　各情况下平板收缩变形比较图　　图 4-8　各情况下平板角变形比较图

横向角变形相对纵向角变形稳定，仅反面水冷1的横向角变形较大，比空冷时的纵向角变形大16.67%，其余的都与空冷时的结果相近。值得注意的是，正面水冷1与正面水冷2的纵向角变形仅有2.68%的相对误差，但反面水冷1与反面水冷2的相对误差却有14.23%。在实际加工过程中，可利用这点得到需要的角变形。

图4-9是各情况的纵向应力分布云图。从图中可见，各情况的纵向应力分布基本具有对称性，正应力都集中在加热线附近，但也有较为明显的区别：大体可分两种情况，其一为绝热与正面水冷1纵向应力分布，其二为其余四种情况的纵向应力分布。究其原因，主要是因为在平板加热阶段加热面的换热系数的缘故。绝热情况是一极限情况，这里暂且不进行讨论；正面水冷1的情况下，水冷面是加热面且水冷与加热同时开始，也即在平板加热阶段平板加热面的换热系数为0.0016J/(mm^2·s·℃)，远大于空冷时的换热系数。平板的远离加热线的地方在整个加热过程中的温度变化小，所以拉压应力也较小（绝对值情况）。而其余四种情况下，在平板加热阶段平板加热面的换热系数都为0.000033 J/(mm^2·s·℃)，因此在加热阶段平板的温度波动较大（即使在远离加热线区域也有较大的温度变化），从而产生较大的应力。

其余两个方向的应力分布区别不大，各情况之间的区别仅是大小的差异而已。正面水冷1和反面水冷1时的横向应力和厚度方向应力都比其余情况的相应应力（绝对值）大。弯板成型后的残余应力越大将使后续加工产生越大的误差，因此在实际弯板成型过程中要充分注意到这点。

4.3 板材导热系数对温度场和结果变形的影响

为了研究材料导热系数λ对温度场和最终应力应变的影响，

基于高频感应的船体曲面弯板成型技术

在 λ 的正负 10% 范围内取图 4-10 所示五种情况,其中工况Ⅲ是最一般的低碳钢的情况;工况Ⅰ和工况Ⅴ分别是最大值和最小值两种与温度无关的极限情况;工况Ⅱ的最小值比工况Ⅲ的大 10%,工况Ⅳ的最大值比工况Ⅲ的小 10%。

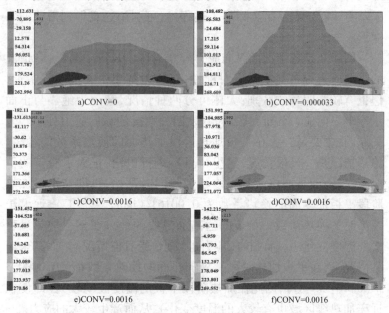

图 4-9 各情况下的纵向应力分布云图

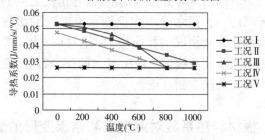

图 4-10 导热系数 λ 的取值情况

4.3.1 导热系数对温度场的影响

图 4-11 为材料导热系数 λ 在各种取值情况下图 4-3 的 C' 点在整个加工过程中的温度变化曲线。从该图中可看到,导热系数 λ 值越大,点 C' 的温度下降越快。该结论在图 4-12 的放大图中能更清楚地看出来。图 4-12 中,上半部分是整个变化曲线图,下半部分是上面的被选中部分的局部放大图。从局部放大图可看到,在降温的主要时间段($50 \leqslant t \leqslant 1500$),工况Ⅴ的曲线明显高于其余各情况的曲线,说明此种情况下平板降温速度最慢;工况Ⅰ的曲线则一直都低于其他四种情况下的曲线,但与工况Ⅲ的曲线较贴合。结合考虑导热系数 λ 的取值情况可知,在高温区工况Ⅴ与工况Ⅱ、工况Ⅲ、工况Ⅳ的 λ 值相差不大,工况Ⅰ的则远大于另外四种的值;而在低温区情况恰恰相反,工况Ⅰ的 λ 值与工况Ⅱ、工况Ⅲ、工况Ⅳ的相差不大,但工况Ⅴ的远小于其余四种的值。可见,导热系数 λ 对平板温度场的影响主要取决于 λ 在低温区的取值,高温区的 λ 值对平板温度场的影响甚微,或者说几乎没有影响。因此在仅有低温区经验数值的情况下,可适当假设高温区的取值,进行温度场分析。

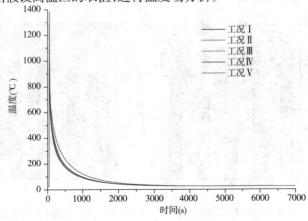

图 4-11　各情况下加热面中心点 C' 的温度变化曲线

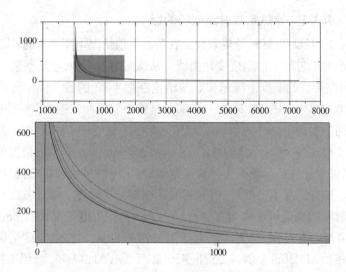

图 4-12 各情况下加热面中心点 C' 温度变化曲线放大图

4.3.2 导热系数对结果变形的影响

图 4-13～图 4-16 分别是纵向收缩、横向收缩、纵向角变形和横向角变形的比较图。具体的数值计算结果列于表 4-1。

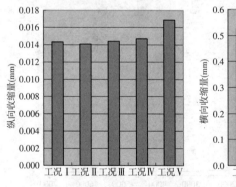

图 4-13 各情况的纵向收缩比较图

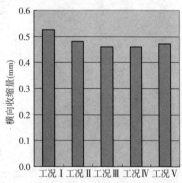

图 4-14 各情况的横向收缩比较图

第四章 船舶板材热物理性能对成型结果的影响

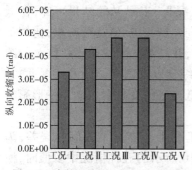

图 4-15 各情况的纵向角变形比较图

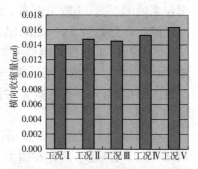

图 4-16 各情况的横向角变形比较图

数值计算结果　　　　　　　　表 4-1

工况	δ_x	δ_y	θ_x	θ_y
工况 I	0.0143230	0.525614	0.0000331	0.0139818
工况 II	0.0140777	0.481668	0.0000430	0.0147216
工况 III	0.0144013	0.459140	0.0000480	0.0144870
工况 IV	0.0147034	0.461248	0.0000480	0.0152500
工况 V	0.0168729	0.473498	0.0000240	0.0163600

纵向收缩的最大误差是工况 II 与工况 V 之间的差异,相对误差为 16.57%;比较工况 I、工况 III、工况 IV、工况 V 的结果可得出:在低温区随着导热系数 λ 的减小,纵向收缩变形 δ_x 值逐渐增大;比较工况 I、工况 II、工况 III 的结果可得出结论:

横向收缩则是工况 I 与工况 IV 之间的相对误差最大,为 12.65%;比较工况 III、工况 IV、工况 V 的结果可知,在低温区随着导热系数 λ 的减小,横向收缩变形 δ_y 值逐渐增大;比较工况 I、工况 II、工况 III 的结果可知,在高温区随着导热系数 λ 的减小,横向收缩变形 δ_y 值逐渐减小。就五种情况的总体趋势而言,横向收缩变形 δ_y 随导热系数 λ 的减小而减小,可见导热系数 λ 在高温区的变化对横向收缩变形影响较显著。

纵向角变形的最大相对误差为 50%,是工况 V 与工况 III、工况Ⅳ之间的误差；比较工况Ⅲ、工况Ⅳ、工况Ⅴ的结果可知，在低温区随着导热系数 λ 的减小，纵向角变形 θ_x 值逐渐减小；比较工况Ⅰ、工况Ⅱ、工况Ⅲ的结果可知，在高温区随着导热系数 λ 的减小，纵向角变形 θ_x 值逐渐增大。综合以上两点结论及工况Ⅱ、工况Ⅲ的结果可得：导热系数 λ 在低温区的变化对纵向角变形影响较为显著。

横向角变形的最大误差是工况Ⅰ与工况Ⅴ之间的误差，为14.54%。当导热系数 λ 在图4-10所示的五种情况中取值时，横向角变形的变化趋势单一：随着导热系数 λ 的减小，横向角变形 θ_y 逐渐增大，且导热系数 λ 在低温区的变化对横向角变形的影响较为显著。

从第三章内容可知，横向收缩和横向角变形是模型的主要变形。从上面的讨论得到：导热系数 λ 在高温区的变化对横向收缩变形影响较显著，而对横向角变形而言，受导热系数 λ 在低温区的变化的影响较为显著。因此，在实际加工过程中，可按照实际具体要求选用具有相应导热系数 λ 的板材。

下面分析具体的应力和位移分布云图：

从图4-17各图可看到，工况Ⅰ、工况Ⅱ、工况Ⅲ、工况Ⅳ四种情况的纵向应力分布基本相似，而工况Ⅴ的纵向应力分布与其余四种有较大区别。这是因为，从导热系数的取值模型可看到，工况Ⅰ、工况Ⅱ、工况Ⅲ、工况Ⅳ四种情况中导热系数在小于600℃的低温区的取值相当接近，只是在高温区的取值相差较大而已。而对工况Ⅴ来说，恰恰相反，低温区的取值与其余四种相差较大，而高温区的取值与工况Ⅱ、工况Ⅲ、工况Ⅳ三种情况的取值接近。由此可看到，导热系数在低温区的取值情况对板材最终纵向应力的影响显著，而高温区的取值情况则对板材最终纵向应力几乎没有影响。就应力的数值大小而言，无论是在高温区还是低温区，导热系数的取值越大，纵向应力值越小，但仍然是低温区的取值对纵向应力值的大小影响较为显著。

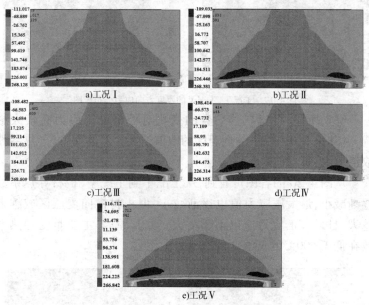

图 4-17 各情况下的纵向应力分布云图

对于板材的另外两个方向的应力的影响也类似,图 4-18 和图 4-19 分别是横向和厚度方向的相差最为明显的两种情况的应力分布云图。对这两个方向的应力值大小的影响规律与对纵向应力值的影响规律一致,也是导热系数的取值越大,相应的应力越小,且导热系数在小于 600℃ 的低温区的取值变化对应力值的影响更为显著。

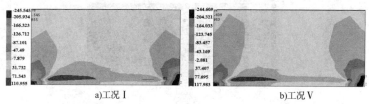

图 4-18 工况Ⅰ、工况Ⅴ的横向应力分布云图

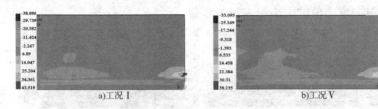

图 4-19　工况 Ⅰ、工况 Ⅴ 的厚度方向应力分布云图

综上所述,板材导热系数的变化对板材最终应力有较大影响,尤其是 600℃ 以下的低温区的取值情况。总体而言,导热系数取值越大,板材的最终应力越小。

从图 4-20 的各图可看到,从工况 Ⅰ 到工况 Ⅴ,板材导热系数逐渐减小,最大压应力值也逐渐减小,但板材横向受压区域越来越大,且最大正应力值也不断增大。究其原因,主要是受导热系数在低于 600℃ 的低温区的取值的变化。

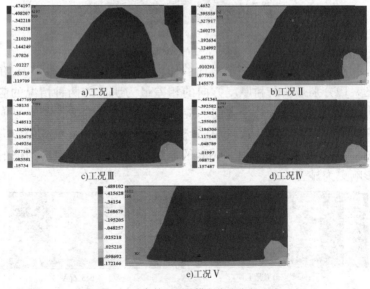

图 4-20　各情况下的横向位移分布云图

4.4 板材线膨胀系数 α 对温度场和结果变形的影响

在线膨胀系数 α 的正负 10% 范围内变动,取如图 4-21 所示的五种情况;其中工况Ⅲ是最一般的低碳钢的情形,工况Ⅰ是与温度无关的情形,工况Ⅱ是直线模型,工况Ⅳ的最小值比工况Ⅲ增加 10% 但最大值与其相同,工况Ⅴ的最大值比工况Ⅲ增大 10% 但最小值与其相同。

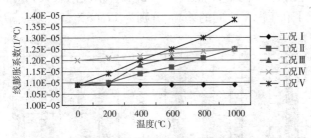

图 4-21 材料线膨胀系数 α 的取值情况

4.4.1 线膨胀系数 α 对板材温度场的影响

线膨胀系数的变化对温度场没有影响,在图 4-21 所示的各种情况中,板材的温度场都一样。图 4-22 是工况Ⅲ(即最一般的低碳钢情形)加热时间 $t=50s$ 时的温度场分布云图。此时,圆形高频感应热源已移动至平板纵向中点,最高温度为 1308℃。

图 4-22 工况Ⅲ情况的加热 50s 时的温度场分布云图

4.4.2 线膨胀系数 α 对板材结果变形的影响

与前面对其他参数的讨论一样,分析比较各情况下的纵向收缩、横向收缩、纵向角变形和横向角变形,图 4-23～图 4-26 就是对应的比较分析结果。从这些结果看到,随着材料膨胀系数 α 的增大,纵向收缩和纵向角变形有不断减小的趋势,五种情况中,工况 I 和工况 V 的结果相差最大,相对误差分别为 18.69%、14.28%;但横向收缩和横向角变形则有相反的变化趋势,即随着材料膨胀系数 α 的增大而逐渐增大,五种情况的最大相对误差也是工况 I 和工况 V 之间的差异,分别为 17.66%、10.57%。

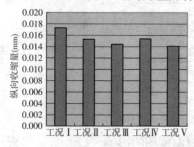

图 4-23　各情况下的纵向收缩比较图　　图 4-24　各情况下的横向收缩比较图

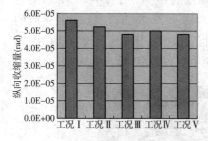
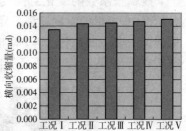

图 4-25　各情况下的纵向角变形比较图　　图 4-26　各情况下的横向角变形比较图

对比图 4-23 和图 4-25 中的工况 III、工况 IV、工况 V 三种情况,从图 4-21 中可知材料膨胀系数 α 在工况 IV 的低温区数值比工况 III 大,但高温区相同;在工况 V 的低温区数值比工况 IV 小,在

500℃处相同,之后则大于工况Ⅳ的数值。最终结果是工况Ⅳ的纵向收缩和纵向角变形均大于工况Ⅲ和工况Ⅴ的相应结果,可见材料膨胀系数 α 在低温区的变化对模型纵向收缩和纵向角变形的影响较大。

对于横向收缩和横向角变形,相邻两种情况间的相对误差分别为 9.99%、3.71%、2.80%、2.25%;6.34%、0.85%、1.34%、2.39%。可见,仍然是低温区的变化对这两项结果的影响较大,从图 4-24 和图 4-26 也可得出这样的结论。

比较各云图后,除了工况Ⅰ的横向位移分布与其他情况稍有差异之外,三个方向应力分布和另外两个方向的位移分布无明显的区别,工况Ⅰ和工况Ⅴ的横向位移分布云图分别示于图 4-27a)、b)中。

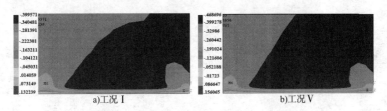

图 4-27　工况Ⅰ和工况Ⅴ的横向位移分布云图

4.5　本章小结

平板表面换热系数对平板温度场影响显著,随着换热系数的增大,平板冷却至室温所需时间越短;其余条件完全一致的情况下,冷却开始得越早,产生的纵向位移越大,横向收缩区域越集中在加热结束半区;平板加热时的换热系数对平板最终变形影响较大,加热时段是决定平板最终成型的主要时机;加热阶段,平板加热面的换热系数越大,平板的残余应力越集中。

模型材料导热系数 λ 对模型温度场和最终变形都有较大影响。加热 $t=50\mathrm{s}$ 时,各情况的最高温度分别为 $1147\,^\circ\mathrm{C}$、$1284\,^\circ\mathrm{C}$、$1308\,^\circ\mathrm{C}$、$1340\,^\circ\mathrm{C}$、$1340\,^\circ\mathrm{C}$、$1376\,^\circ\mathrm{C}$。导热系数 λ 值越大,模型中心点 C 的温度越低,冷却时下降得越快。材料导热系数 λ 在高温区的变化对横向收缩变形的影响较大,但对横向角变形的较大影响则是由低温区的变化所致。

模型材料线膨胀系数 α 低温区的变化对模型的结果变形影响较大,且随着材料线膨胀系数 α 的增大,纵向收缩和纵向角变形有不断减小的趋势,而横向收缩和横向角变形则有不断增大的趋势,这些趋势在低温区较为明显,但对板材温度场没有影响。

第五章　船舶板材其他加工参数对成型结果的影响

本章将讨论船舶板材的其他加工参数：边界条件、几何尺寸、热源的重复扫描加热、热源扫描路径、加热功率和热源移动速度对成型结果的影响。

5.1　边界条件对成型结果的影响

有限元模型和材料模型仍采用原模型，位移边条件如表 5-1 所示。

位移边条件　　　　　　　　　　　表 5-1

工况	受约束点编号	受约束点坐标	受约束情况
工况 I	171	(0,500,20)	固定 y、z 两方向
	6148	(1000,500,20)	固定 z 方向
工况 II	171	(0,500,20)	固定 x、y、z 三方向
	3563	(500,500,20)	固定 x、z 两方向
	6148	(1000,500,20)	固定 z 方向
工况 III	171	(0,500,20)	固定 x、y、z 三方向
	2269	(300,500,20)	固定 x、y、z 三方向
	3563	(500,500,20)	固定 x、z 两方向
	4857	(700,500,20)	固定 x、z 两方向
	6148	(1000,500,20)	固定 z 方向

5.1.1 应力分析比较

图 5-1 为各工况的纵向应力分布图。

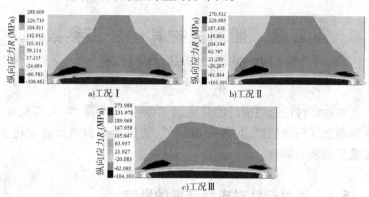

图 5-1　各工况的纵向应力 R_x 分布云图

从图 5-1 的纵向应力分布云图可看出,随着平板纵向边缘位移约束节点数的增加,纵向拉伸应力不断增大、压缩应力不断减小,最大受压区域逐渐缩小,除焊缝附近区域外的低应力区逐渐增大。

图 5-2 为各工况的横向应力分布图。

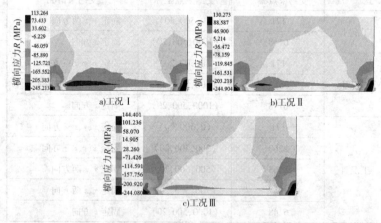

图 5-2　各工况的横向应力 R_y 分布云图

从图5-2可见,边界条件对横向应力分布影响较大。随着纵向边缘受约束点的增加,低应力(应力绝对值小)区缩小,受拉区域不断增大。受约束点数对最大压缩应力影响不大,但最大拉伸应力却随着受约束点的增加而有明显的增大。随着纵向边缘受约束点的增加,应力集中度降低。

图5-3为各工况的厚度方向上应力分布图。

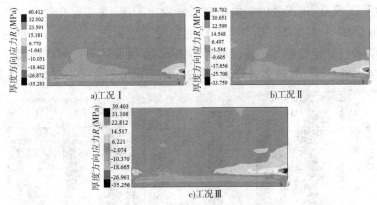

图5-3 各工况的厚度方向应力 R_z 分布云图

从图5-3可见,随着纵向边缘受约束点的增加,低应力(应力绝对值小)区域不断扩大,受压区域逐渐缩小,拉伸区域逐渐增大。纵向边缘受约束点的增加,对纵向应力最值(最大值和最小值)的影响不大。

5.1.2 位移和残余塑变分析

比较分析各情况的应力分布情况,综合纵向、横向和厚度方向的结果可得出结论:纵向边缘约束点的增加,对高频感应加热平板的应力分布影响较大。随着纵向边缘受约束点的增加,平板总应力增大,低应力区域减小。

下面分析位移和残余塑变的情形。图5-4和图5-5是数值计算的结果收缩变形和角变形的分析比较图。从图中很清楚地看到，横向收缩变形随着纵向边缘受约束点的增多而增大，数值计算结果分析，工况Ⅱ的横向收缩比工况Ⅰ的增大1.03%，工况Ⅲ的比工况Ⅱ的大了8.20%；纵向收缩的变化趋势恰恰与横向收缩的相反，工况Ⅱ、工况Ⅲ的纵向收缩分别比工况Ⅰ、工况Ⅱ的减小了7.12%、10.25%；横向角变形随纵向边缘受约束点的增多的变化趋势和纵向收缩变形的趋势一样，也与横向收缩变形的趋势相反，工况Ⅱ、工况Ⅲ的横向角变形分别比工况Ⅰ、工况Ⅱ的横向角变形减小14.05%、16.78%。纵向角变形随纵向边缘受约束点的增多的变化趋势与其他三种都不相同，工况Ⅱ的纵向角变形比工况Ⅰ的小了34.74%，但工况Ⅲ的却比工况Ⅱ的大了14.86%。

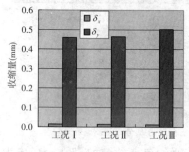

图5-4 收缩变形比较图　　　　图5-5 角变形分析比较图

数值分析结论也可从纵向、横向和厚度方向的位移分布云图和残余塑变分布云图得出，因此就来看看三个方向的位移和残余塑变的具体分布云图。从图5-6的纵向位移分布云图上看，工况Ⅰ、工况Ⅱ两种情况区别不大，工况Ⅱ的膨胀受拉区域比工况Ⅰ的稍微小些，但正位移却大些；收缩受压区域却恰恰相反。工况Ⅲ的情况与前面两种相比，差异较大，膨胀受拉区域明显缩小，收缩受压区域也增大了许多，甚至在边缘也出现了受压区域。与前面变化趋势不同的是，工况Ⅲ的正位移和负位移都比工况Ⅱ的小。从最大正、负位移之差来看，三种情况的分别为0.574643mm，0.54659mm，0.491387mm，这也就得出与前面数值结果分析一样的结论。

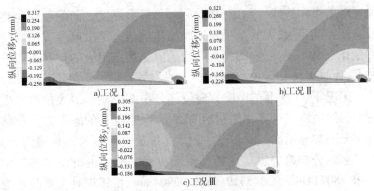

图 5-6 各工况的纵向位移 y_x 分布云图

图 5-7 是三种情况的横向位移分布云图。从这三张图可看到,横向位移的分布云图区别很明显。比较图 5-7 a)、b) 可看到,虽然工况 I、工况 II 的横向受压区域没什么大的缩小或增大,但工况 II 在加热结束端的受压变形比工况 I 的小;工况 III 的情况就更明显了,不光加热结束端的受压小变形区域大了,最大受压区域也与前两种情况不同,不像前两种情况那么光滑,还出现了尖三角区。同样的,三种工况的横向最大正位移与最大负位移之差分别为 0.597769mm、0.563734mm、0.519837mm,也可得出与前面数值结果分析相同的结论。

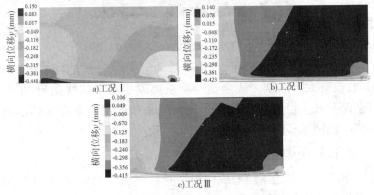

图 5-7 各工况的横向位移 y_y 分布云图

随着纵向边缘受约束点的增多,平板沿厚度方向的整体位移分布受影响不大,尤其是平板远离加热线的边缘沿厚度方向的位移变化更是不明显,如图 5-8 所示。但加热线附近的位移受影响较大,而且大位移区域也逐渐扩大,虽然最大位移值有下降的趋势。工况Ⅰ、工况Ⅱ的厚度方向位移分布图中显示最大位移发生在加热线边缘且远离加热起始的那端,但工况Ⅲ的厚度方向位移分布云图却显示出,该情况的最大位移发生在整条加热线附近,而且区域分布趋势也与前两种情况相反。最大正负位移差分别为 10.780714mm、9.345319mm、8.05904mm,相邻相对误差分别为 13.31%、13.76%,这与前边关于横向角变形的讨论结论一致。

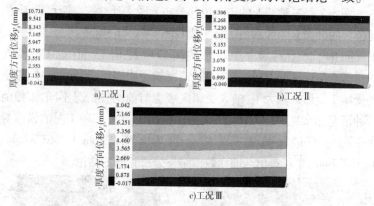

图 5-8 各工况的厚度方向位移 y_z 分布云图

关于残余塑变的分布,各情况残余塑变沿三个方向的分布都相似,没有太大区别。残余塑变都主要发生在加热线附近,平板其余部分几乎没有残余变形。最大残余塑变都发生在加热起始和终了的两端。这与实际加工经验一致。

5.1.3 小结

本节主要讨论了随着纵向边缘受约束点的增加,高频感应加热平板的应力、位移和残余塑变的变化情况。讨论结果表明,平板不同边界条件对平板的最终应力和变形有较大影响：

(1) 随着纵向边缘受约束点的增加，平板总应力增大，低应力区域减小。

(2) 横向收缩变形随着纵向边缘受约束点的增多而增大；纵向收缩变形、横向角变形随纵向边缘受约束点的增多的变化趋势恰恰与横向收缩的相反；纵向角变形随纵向边缘受约束点的增多，先减小后增大。

(3) 总体而言随着约束的加强，各方向位移值减小。

(4) 最终残余塑变受边界条件影响不大。

5.2 几何尺寸对成型结果的影响

本节主要讨论平板几何尺寸的变化对薄板温度场和最终变形的影响。

5.2.1 模型

保持平板厚度20mm不变，用有限元软件ANSYS分析计算长分别取0.6m、1m、2m，宽分别取0.5m、1m、2m时的9个平板模型。为保证计算结果的可比性，所有模型在离加热线120mm范围内的部分单元格完全相同，更远处的网格则因考虑到温度场变化不大、结果变形较小并计及计算速度和计算时间等因素而有略微区别。宽度为0.5m时，单元格的过渡较为集中，从12.5mm→25mm→50mm→100mm 的过程中没有缓和段，最远处的单元尺寸为 $100 \times 65 \times 20$mm；宽度为1m、2m时，单元格过渡情况一致，12.5mm→25mm→50mm后有40mm的缓和段，然后再从50mm过渡到100mm，最远处的单元尺寸分别为 $100 \times 140 \times 20$mm 和 $100 \times 130 \times 20$mm。图5-9列出了 $0.6m \times 0.5m$、$1m \times 1m$、$2m \times 2m$ 的宽度方向网格划分情况，对于同一宽度下的不同长度模型，其宽度方向的网格划分完全一致,只是长度的等分数不同而已。

边界条件分别为:板宽 0.5m 时,在 $y=0$ 的平面上施加对称条件,点 $(0,250,20)$ 在 y、z 两个方向上的位移为 0,点 $(1000,250,20)$ 在 z 方向的位移为 0;板宽 1m 时,同样在 $y=0$ 的平面上施加对称条件,点 $(0,500,20)$ 在 y、z 两个方向上的位移为 0,点 $(1000,500,20)$ 在 z 方向的位移为 0;板宽 2m 时,在 $y=0$ 的平面上施加对称条件,点 $(0,1000,20)$ 在 y、z 两个方向上的位移为 0,点 $(1000,1000,20)$ 在 z 方向的位移为 0。

加热热源、模型材料热物理参数、模型材料力学性能、热输入条件等均与 5.1 节相同。

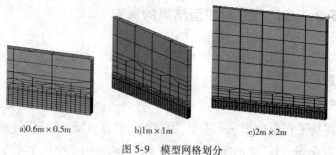

a)0.6m × 0.5m   b)1m × 1m   c)2m × 2m

图 5-9　模型网格划分

5.2.2　三块方板的比较

比较尺寸为 0.6m×0.5m、1m×1m、2m×2m 的三块平板的温度场结果和应力场结果。对于温度场,分别选取各板的加热线中点 C'、左右距离 50mm 的点 A'、B' 及反面的与加热线中点相对的点 D',比较这些点的温度随加热时间的变化情况。对于应力场,则选取各平板中心点 C(即长、宽、高的中点)、左右距离 50mm 的点 A、B 及中面内沿 y 方向与中心点 C 距离 50mm 的点 D,通过这些点的位移结果,计算出平板的横向收缩、纵向收缩、横向角变形和纵向角变形。纵向收缩 δ_x、横向收缩 δ_y、纵向角变形 θ_x、横向角变形 θ_y 的计算式与上节相同。

第五章 船舶板材其他加工参数对成型结果的影响

计算结果显示,三种情况的温度场基本相似,没有太大区别,A'、B'、C'、D'各点的最高温度均在 1300℃ 左右,且加热线中点 C' 的最高温度高于其余各研究点的最高温度。加热冷却结束后,各板的温度均接近室温,整块板的温度基本均匀,最大温差也只是 10^{-2} 级别,完全符合工程界的精度要求。具体情况如表 5-2 所示。

各板的温度场比较　　　　　　　　　　表 5-2

板材尺寸	所研究点的最高温度(℃)				最终温度(℃)	
	A'	B'	C'	D'	最低温度	最高温度
0.6m×0.5m	1298.64	1300.42	1308.11	620.413	25.065	25.077
1m×1m	1308.11	1298.64	1300.42	620.346	25.036	25.053
2m×2m	1298.64	1300.42	1308.11	620.413	25.007	25.048

各情况温度场区别不大的原因在于,加热条件保持不变,平板的热输入量相等;它们又不完全一致是因为板的尺寸大小不同,散热面积和散热速度不同,从而导致了温度场的差异。平板尺寸越大,加热冷却后的最终温度越低。

各板的横向收缩、纵向收缩、横向角变形和纵向角变形的具体情况如表 5-3 所示。

各板的应力场比较　　　　　　　　　　表 5-3

板材尺寸	δ_x	θ_x	δ_y	θ_y
0.6m×0.5m	0.066038	0.0001346	0.440428	0.0137698
1m×1m	0.0144319	0.000048	0.45914	0.014487
2m×2m	0.0125776	0.000004	0.455552	0.014838

用柱状图形象地表示,见图 5-10。从图 5-10 我们可看到,随着平板尺寸的增大,横向收缩有增大的趋势,但 2m×2m 板与 1m×1m 板之间的横向收缩变形差异比 0.6m×0.5m 板与 1m×1m 板之间的横向收缩变形差异小得多,可以说 2m×2m 板与 1m×1m 板的横向收缩已基本没有差异。这就说明,平板的变形已逐渐趋于稳定。

为节省计算时间,并考虑到对计算机容量和速度的要求,完全可以将 1m×1m 板作为一标准模板进行计算,将其横向收缩结果视为更大平板的横向收缩结果。对于纵向收缩,随着平板尺寸的增大,纵向收缩逐渐减小;同样地我们从表 5-3 的数据结果和图 5-10 的柱状图均可看到,1m×1mb 板与 2m×2m 板的纵向收缩差异比 0.6m×0.5m 板与 1m×1m 板的纵向收缩差异小得多,且 1m×1m 板与 2m×2m 板的纵向收缩已基本相等。可用 1m×1m 板的纵向收缩结果代替相同加热条件下的更大尺寸平板的纵向收缩结果变形。

分析图 5-11 可看到平板横向角变形随着平板尺寸的增大而增大,但增大幅度越来越小,1m×1m 板与 2m×2m 板的之间的增幅就已经很小了,因此也可同收缩变形一样,选 1m×1m 板作为标准进行计算,并将其结果近似为更大尺寸平板的结果。纵向角变形则相反,随着平板尺寸的增大而减小,三种尺寸平板之间的纵向角变形均有一个数量级的差异。但因相对其余三种变形来说纵向角变形很小,对总体结果影响不大,因此完全可选用 1m×1m 板的纵向角变形结果代表更大尺寸平板的纵向角变形结果。

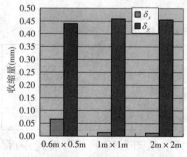

图 5-10 各尺寸平板的收缩变形比较图　　图 5-11 各尺寸平板的角变形比较图

综上所述,通过对三种尺寸平板的四类结果变形的分别比较,可得出结论:其余条件完全相同的情况下,平板尺寸对平板结果变形有一定的影响,尤其是平板尺寸较小时,这种影响更为明显;但当

第五章 船舶板材其他加工参数对成型结果的影响

平板尺寸达 1m×1m 时,平板的各类变形已基本平稳,同时考虑到平板尺寸越大对计算机容量和速度的要求越高,所需计算时间越长,在保证精度条件下,可选用 1m×1m 板作为标准进行计算,并将其结果视作更大尺寸平板的相应结果。这同实际经验的结论一致。

图 5-12 是三块板的纵向位移云图。从这些图中可看到,三块板的纵向位移分布大致相同,但随着平板尺寸的增大,平板的纵向收缩量不断增大,收缩量沿纵向分布逐渐均匀。对比图 a)、b)、c)可发现,0.6m×0.5m 板的纵向收缩量虽然较另外两种小,但极限区域(即最大位移和最小位移区域)较大。这种极限区域随着平板尺寸的增大而逐渐缩小,因此说收缩量沿平板纵向的分布逐渐均匀化。图 5-13 是三块平板的横向位移云图。比较这三幅图可看到,随着平板尺寸的增大平板的横向收缩区域不断扩大:0.6m×0.5m 板只在平板纵向中央处有较大的横向收缩,1m×1m 板的横向收缩区域扩大至一大半平板,而几乎整块 2m×2m 板都发生较大的横向收缩。

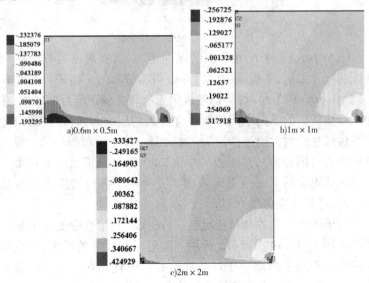

图 5-12 各尺寸板的纵向位移分布云图

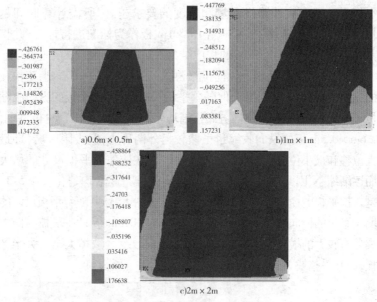

图 5-13　各尺寸板的横向位移分布云图

图 5-14 是三个尺寸平板的纵向应力云图,对比可看出不管平板的尺寸如何,平板纵向应力总是对称分布的。当平板尺寸较小(如 0.6m×0.5m)时,除加热线附近有较宽的正应力带之外,在远离加热线区的纵向中间部位还有较大的压应力区;这种现象随着平板尺寸的增大而逐渐消失(对比 1m×1m 板和 2m×2m 板的纵向应力云图可知),当平板尺寸达 2m×2m 时,正负应力均集中在加热线附近的某一范围区域内。其他两个方向的应力分布基本一致,受尺寸变化影响不大。

对于塑性应变的分布情况也一样,仅纵向塑性应变受平板尺寸影响较大,具体如图 5-15 所示。随着平板尺寸的增大,平板塑性应变分布越来越集中于加热线位置。而且 0.6m×0.5m 板和 1m×1m 板在平板纵向两端均还有塑性拉伸变形,但 1m×1m 板的塑性拉伸变形比 0.6m×0.5m 板的小很多;平板尺寸继续增大,塑性拉伸区域继续减小,2m×2m 板的塑性拉伸区域就几乎缩小到 0 了。

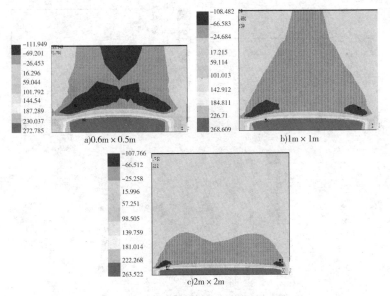

图 5-14　各尺寸平板的纵向应力分布云图

5.2.3　单一变化板宽或板长的比较分析

比较三个不同尺寸平板的各类变形结果、应力场结果及塑性应变结果,得出其余所有条件完全相同的情况下,平板尺寸对平板结果变形有一定的影响,但当平板尺寸达 1m×1m 时,平板的各类结果变形已基本稳定,因此可用 1m×1m 板作为标准模板进行计算,并将其各结果近似作更大平板的相应结果。

已分析的三块平板之间,长宽同时发生变化,得出上面的结论。本小节将分别讨论长度方向尺寸的变化和宽度方向的尺寸变化对平板结果变形的影响。讨论将分两部分进行,首先保持长度 1m 不变,比较宽度分别为 0.5m、1m、2m 时平板的各变形结果,研究宽度方向尺寸变化对平板结果变形的影响;然后保持宽度 1m 不变,比较长度分别为 0.6m、1m、2m 时平板的各变形结果,研究长度方向尺寸变化对平板结果变形的影响。

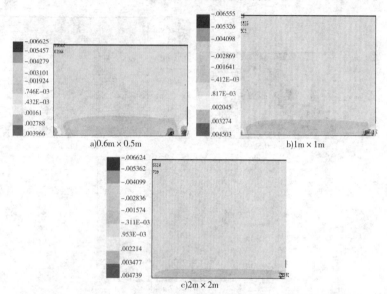

图 5-15 各尺寸的纵向塑性应变分布云图

当保持平板长度 1m 不变,宽度分别取 0.5m、1m、2m 时,所考虑的各板的 A'、B'、C'、D' 点的最高温度和平板加热冷却结束后的最高温度、最低温度的情况如表 5-4 所列。

长 1m 的各板的温度比较　　　　　　　表 5-4

板材尺寸	所研究点的最高温度(℃)				最终温度(℃)	
	A'	B'	C'	D'	最低温度	最高温度
1m×0.5m	1308.11	1300.42	1298.64	620.34	25.067	25.087
1m×1m	1308.11	1298.64	1300.42	620.346	25.036	25.053
1m×2m	1300.42	1298.64	1308.11	620.438	25.007	25.045

从表 5-4 数据可看出,随着宽度的增加,平板散热面积增

第五章 船舶板材其他加工参数对成型结果的影响

大,在相同热输入条件下,平板最终温度略微下降。当然,由于各板都有足够长的冷却时间,最终温度都接近于室温,以使数值模拟更接近实际加工时的情况,提高接下来的应力应变计算的精度。

各板的横向收缩、纵向收缩、横向角变形和纵向角变形的比较情况如图5-16和图5-17所示。从图5-16可看到宽度为0.5m时,横向收缩和纵向收缩都比其余两种情况的相应值大许多:根据具体的结果数值计算出1m宽板的纵向收缩比0.5m宽板的小43.51%,横向收缩小22.09%;但1m宽板与2m宽板的纵向收缩和横向收缩的相对误差仅为36.83%、2.34%。虽然纵向收缩的相对误差比较大,但从图5-16看到,横向收缩才是平板的主要收缩变形,因此可认为当板宽达1m后,平板的变形区域稳定。在以后的研究中可选1m宽板作为标准进行计算,并将所得结果收缩变形视为更大尺寸板的相应结果收缩变形。

图5-17是板长1m时的各板的角变形比较图,从图中可清晰地看到,相对于横向角变形来说,纵向角变形几乎可以忽略。0.5m宽板的横向角变形比1m宽板的横向角变形小19.06%,而1m宽板与2m宽板之间的横向角变形的相对误差仅为3.24%。可见,当板宽达1m后,板的横向角变形已趋于稳定。

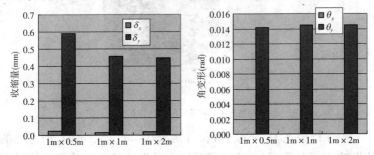

图5-16 板长1m时各板的收缩变形比较图　图5-17 板长1m时各板的角变形比较图

综上所述,平板在宽度方向的尺寸变化,对平板的结果变形有一定影响,尤其是当板宽小于1m时这种影响更为明显。但当板宽达1m之后,平板的结果变形则趋于稳定,板宽的继续增大对其影响不大。

板长为1m时各板的位移、应力和塑性应变分布云图见图5-18~图5-21。

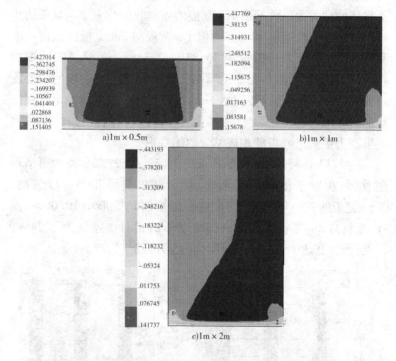

图5-18　板长1m时各板的横向位移分布云图

当保持板宽1m不变,板长分别取0.6m、1m、2m时,所考虑的各板的 A'、B'、C'、D' 点的最高温度和平板加热冷却结束后的最高温度、最低温度的情况如表5-5所示。

宽 1m 的各板的温度比较　　　　　　表 5-5

板材尺寸	所研究点的最高温度(℃)				最终温度(℃)	
	A'	B'	C'	D'	最低温度	最高温度
0.6m×1m	1298.64	1308.11	1300.42	620.413	25.035	25.047
1m×1m	1308.11	1298.64	1300.42	620.346	25.036	25.053
2m×1m	1298.64	1308.11	1300.42	620.413	25.033	25.056

从表 5-5 的数据可看到 0.6m 长板与 2m 长板的 A'、B'、C'、D' 的最高温完全一致,但 1m 长板的则与其余两种情况有略微的差别。但总体来说,各板的温度场差别不大,这与前面讨论的结果一致。

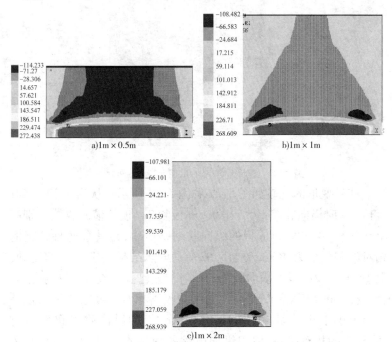

图 5-19　板长 1m 时各板的纵向应力分布云图

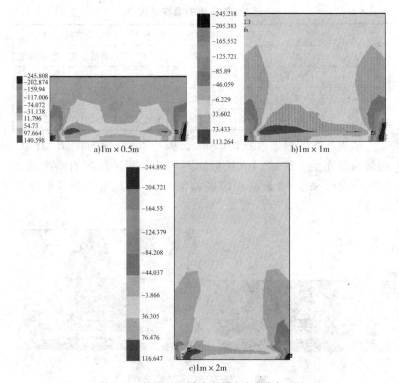

图 5-20　板长 1m 时各板的横向应力分布云图

结果变形的比较如图 5-22 和图 5-23 所示。从图 5-22 看到，板长 1m 时横向收缩最大，比 0.6m 板和 2m 板的横向收缩分别高出 9.09%、4.80%，1m 板的纵向收缩则最小，与其余两种情况的相对误差分别为 46.32%、15.52%。虽然结果还有一定的变动，但 1m 板与 2m 板的横向收缩的相对误差已控制在 5% 以内，已符合工程界的精度要求；同时因为纵向收缩相对于横向收缩来说是一个很小很小的量，虽然 1m 板与 2m 板的纵向收缩仍然还有 15.52% 的相对误差，但因纵向收缩的数值本身就很小，15.52% 的误差也 0.009mm 的绝对误差，可忽略不计。

第五章 船舶板材其他加工参数对成型结果的影响

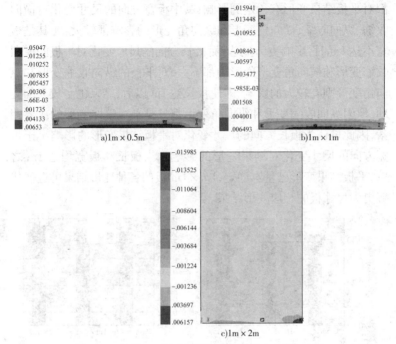

图 5-21 板长 1m 时各板的厚度方向塑性应变分布云图

从图 5-23 看到,横向角变形随着板长的增大而增加,1m 板的横向角变形比 0.6m 板的横向角变形大 3.90%,2m 板的横向角变形比 1m 板的横向角变形大 3.6%。可见角变形的增大幅度逐渐变小,即平板的横向角变形逐渐趋于稳定。至于纵向角变形,从图 5-23 也可看到,与横向角变形比较起来,仅是微量,可忽略不计。因此,在以后的关于角变形的研究中,可将 1m 板的横向角变形视作标准进行计算,并将所得结果作为更大尺寸板的相应结果。

从对图 5-22 和图 5-23 的分析来看,保持板宽 1m 不变时,板长的变化对平板收缩变形的影响较大,对平板的角变形则影响不大。综合分别对板宽尺寸变化和板长尺寸变化对平板结果变形的研究可得结论:无论是板宽方向的尺寸变化还是板长方向的尺寸变化,都对平板结果变形有一定的影响;其中板宽方向的尺寸变化对横向收缩、纵向收缩、横向角变形和纵向角变形的影响都较大,尤其是板宽不达 1m 时,影响更为显著;而板长方向的尺寸变化对平板的横向收缩变形和横向角变形的影响都不大,对平板的纵向收缩变形和纵向角变形则有较大的影响,即使板长达 1m 以后,结果也有较大的变动,但因纵向收缩变形和纵向角变形都只是平板整体变形的次要因素,因此可认为板长方向的尺寸变化对平板结果变形的影响小于板宽方向的尺寸变化对结果变形的影响。当板长和板宽均达 1m 之后,平板结果变形已基本稳定,1m×1m 板的各种变形结果可近似代替更大尺寸板的相应变形结果。

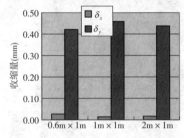
图 5-22 宽 1m 板的收缩变形比较图

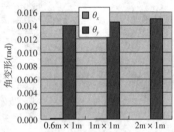
图 5-23 宽 1m 板的角变形比较图

  下面分析比较各 1m 宽板的位移、应力和塑性应变分布云图:根据计算结果发现,各 1m 宽板的纵向位移分布云图变化不大,而横向位移分布则受板长影响较大,随着板长的增大,横向位移分布的对称性越明显,见图 5-24。厚度方向的位移分布趋势大致相同,只是随着板长的增大,沿厚度方向的位移也不断增大。

  图 5-25 是各 1m 宽板的纵向应力分布云图,比较可发现,随着板长的增加,平板受压区域不断扩大,但受压逐渐均匀化,即大的压应力区越来越小。

  图 5-25 和图 5-26 是各 1m 宽板的纵向和横向应力分布云图,从图中很明显地看到,随着板长的增大,应力大的区域急剧缩小。

第五章 船舶板材其他加工参数对成型结果的影响

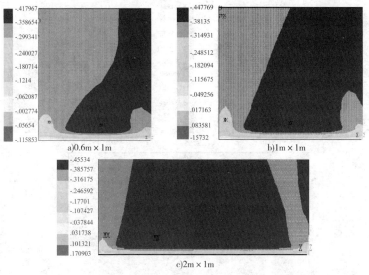

图 5-24 板宽 1m 时各板的横向位移云图

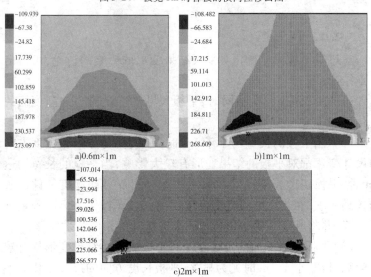

图 5-25 板宽 1m 时各板的纵向应力分布云图

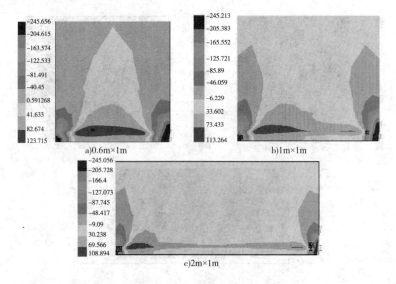

图 5-26 板宽 1m 时各板的横向应力分布云图

5.2.4 小结

通过对平板尺寸变化对平板结果变形的影响的讨论,可得出以下结论:

(1)加热条件完全相同时,平板尺寸的变化对最终温度场的变化影响不大;

(2)当平板的长宽均小于 1m 时,平板长度方向和宽度方向的尺寸变化都对平板的结果变形有较大影响,当平板的长宽均达 1m 后,平板变形趋于稳定。考虑计算时间及对计算机硬件设备的较高要求,在今后的研究中可选用 1m×1m 板作为标准模板进行计算,并将其各结果变形近似为更大尺寸的相应结果变形;

(3)平板宽度方向的尺寸变化对平板的各类结果变形均有较大影响,板宽小于 1m 时尤为显著;平板长度方向的尺寸变化对平板纵向收缩和纵向角变形影响较大,即使板长达 1m 之后,这些结果的变动仍然较大,但因纵向收缩和纵向角变形才是平板结果变形的主导因素,所以可认为平板长度方向的尺寸变化对平板变形结果的影响较宽度方向的尺寸变化的影响小。

5.3 加热功率、热源移动速度和扫描次数与成型结果的关系

5.3.1 加热功率与成型结果的关系

仍然采用原平板模型,热源加热功率分别取 $3J/mm^3$、$6J/mm^3$、$9J/mm^3$、$12J/mm^3$、$15J/mm^3$,其余所有条件都相同。由 ANSYS 计算所得结果显示,考察点的最高温度与加热功率成正比:加热线上的 A'、B'、C' 三点的最高温度与加热功率关系曲线基本一致,直线斜率约为 209.33;而由于平板厚度方向的温度梯度缘故,点 D' 的最高温度较低,与加热功率的比例约为 83.33。

图 5-27 是各情况的面内收缩比较图。从图中可看到,随着加热功率的增大,横向收缩也成比例地增大;但纵向收缩却在加热功率为 $6J/mm^3$ 的时候达到最值,而后不断减小,当加热功率大于 $9J/mm^3$ 时,还出现了反方向的变形。从图 5-27 还可以很明显地看到,横向收缩比纵向收缩大得多,因此,即使纵向收缩的先增大后减小,但总的面内收缩变形仍然是随着加热功率的增大而成比例地增大。

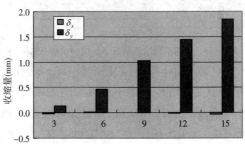

图 5-27 各情况的面内收缩比较图

图 5-28 是各情况的纵向位移分布云图,从这些图中可看到,纵向位移的大致分布趋势不随加热功率 Q 的变化而变化;但随着 Q 的增大,就整块平板而言,纵向位移逐渐趋于均匀。比较各情况的纵向位移分布云图可发现,随着 Q 的增大,纵向位移绝对值有增大的趋势,但图 a) 显示的最大正位移和负位移区域明显比其余情况大。另外还可看到,随着加热功率 Q 的增大,平板纵向负位移区域逐渐减小,但位移绝对值不断增大。

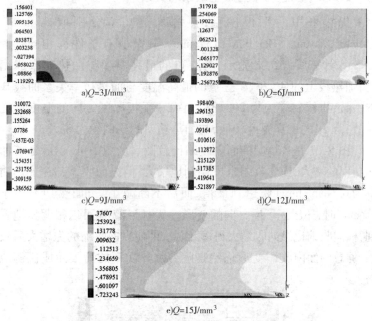

图 5-28 Q 的不同取值情况下的纵向位移分布云图

图 5-29 是 Q 取各不同值时的横向位移分布云图,比较这些图形可发现高频感应加热弯板成型中平板横向主要发生收缩变形,仅在加热线处的小范围内有拉伸变形,而且拉伸变形区域随着加热功率的增大而减小。当加热功率 Q 达 $9J/mm^3$ 后,拉伸区域消失,整块平板都发生收缩变形。随着加热功率 Q 的逐渐增大,最大收缩区

逐渐集中于平板中心。该区域的形状与加热热源设备形状相似。

上面分析了加热功率对平板的面内收缩变形的影响,接着分析加热功率对平板厚度方向位移的影响。因为平板厚度方向的位移,引起平板的角变形,所以先分析随着加热功率的增大,平板角变形的变化情况。

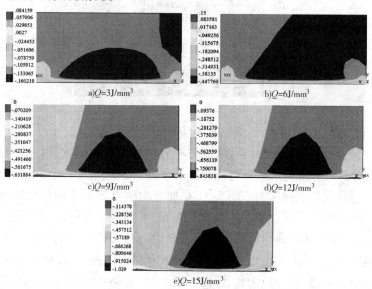

图 5-29　Q 的不同取值情况下的横向位移分布云图

图 5-30 是加热功率分别为不同值时的角变形分析比较图,从图中可看到,横向角变形仍然是总体角变形的主要成分。随着加热功率的逐渐增大,横向角变形先增大,并当 Q 取 $6J/mm^3$ 时达最大值,而后逐渐减小。纵向角变形的变化规律与横向角变形有相似之处,但在 Q 取 $12J/mm^3$ 时达到最小值之后,又急剧增大至与 Q 取 $6J/mm^3$ 时的纵向角变形大小。

以上结论从平板的厚度方向的位移也可得出。平板边缘与加热线处的沿厚度方向的相对位移先从 $Q = 3J/mm^3$ 时的

4.371mm 增大到 $Q=6\text{J}/\text{mm}^3$ 时的 10.782mm，然后在逐步减小到 $Q=15\text{J}/\text{mm}^3$ 时的 5.039mm。由于这个位移的变化，引起了平板横向角变形的类似变化。而平板的纵向角变形则直观地体现在加热线上的点的沿厚度方向的位移。

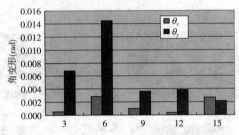

图 5-30　Q 取不同值时的角变形分析比较图

弯板成型后平板的残余应力对后续加工影响很大，因此接着来分析高频感应加热弯板成型后的平板从残余应力。

首先是纵向应力。图 5-31 是加热功率 Q 取各不同值时的纵向应力分布云图。从这些图中可看到，平板绝大部分区域残余压应力，仅在加热线附近的小范围区域内有拉伸应力。而且随着加热功率 Q 的不断增大，拉伸应力区域有横向逐渐扩大、纵向不断缩小的趋势，拉伸应力值也不断增大；但压应力区域的变化不那么规则。最大压应力区域首先仅出现在与拉伸区域交界的两侧且对称分布，随着加热功率 Q 的逐渐增大，加热起始处的最大压应力区域不断缩小，加热结束处的最大压应力区域不断增大，而且在平板边缘的中间部分也逐渐出现了最大压应力区域。平板边缘的最大压应力区域逐渐扩大，形状与加热热源形状相似。应力值的变化情况是：随着加热功率 Q 的不断增大，最大正应力值先减小后增大，最大压应力值先减小后增大最后又减小。

对于横向应力，比较图 5-32 可看到，正应力主要集中在平板的靠近加热线附近的中部区域。在加热线的两端仍然是压应力

第五章 船舶板材其他加工参数对成型结果的影响

区域,且随着加热功率 Q 的不断增大,两端的压应力区域也有不断扩大趋势。对应力值而言,最大压应力基本不随加热功率的改变而变化,但随着加热功率的增大,最大正应力值先减小后增大,并于 $Q=9J/mm^3$ 时达最小值 103.164。

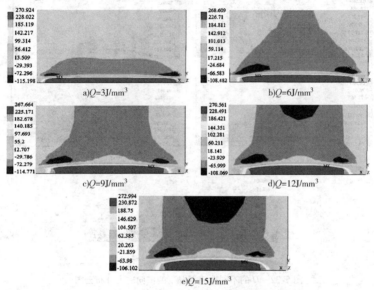

图 5-31 Q 的不同取值情况下的纵向应力分布云图

厚度方向的应力随加热功率的增大应力值变动较大,但分布区域则基本不变。应力值的具体变动情况见图 5-33。正负应力都在 $Q=6J/mm^3$ 时达到最大值。

5.3.2 扫描速度与成型结果的关系

在其余条件完全相同的情况下,变化热源移动速度在 3~25mm/s 的范围内变化,研究扫描速度(即热源移动速度)对平板温度场和成型结果的影响。

热源移动速度的变化直接影响到加热时间的变化,从而影响平板吸收的总热量,进而影响平板温度场。随着热源移动速度的增大,平板各点最高温度逐渐降低。当热源移动速度较小时,平板表面各点最高温度下降得快;热源移动速度大于 20mm/s 时,平板表面各点最高温度逐渐趋于恒值,随速度变化不明显。

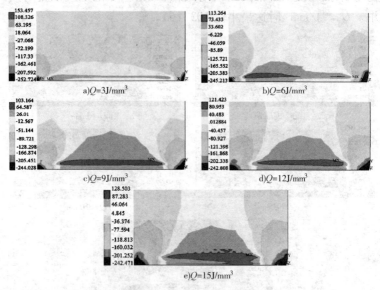

图 5-32　Q 的不同取值情况下的横向应力分布云图

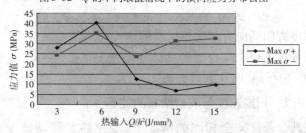

图 5-33　平板沿厚度方向正负应力最值随 Q 的变化曲线图

分析热源移动速度对结果变形的影响,仍从平板面内收缩变形和面外角变形入手讨论。图 5-34 是纵向收缩变形和横向收缩变形随热源移动速度的变化曲线。

第五章 船舶板材其他加工参数对成型结果的影响

从图 a)可看到,纵向收缩变形随着热源移动速度的增大,先减小后增大并逐渐趋于某一恒值。图中很清楚地看到,当热源移动速度为 4mm/s 时,平板纵向收缩取得最小值,而后随着热源移动速度的增大而逐渐增大,并当热源移动速度为 8mm/s 时出现反向收缩变形。可见,当热源移动速度取介于 7mm/s 和 8mm/s 之间的某一速度值 v_0 时,平板的纵向收缩变形将为 0。当热源移动速度 $v<v_0$ 时,平板的左半部分收缩量大于右半部分收缩量;当热源移动速度 $v>v_0$ 时,平板的右半部分收缩量大于左半部分收缩量。

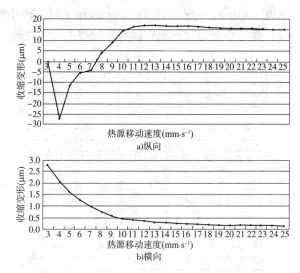

图 5-34 平板面内收缩变形随热源移动速度的变化曲线

从图 b)中看到,随着热源移动速度的增大,平板横向收缩变形逐渐减小并逐渐趋于某一极限恒值。热源移动速度 $v<10\mathrm{mm/s}$ 时,横向收缩变形随速度变化明显;$v>10\mathrm{mm/s}$ 时,横向收缩变形随热源移动速度变形缓慢。该趋势与平板表面最高温度随热源移动速度的变化趋势相似。

从图 5-34 还可看到,横向收缩变形仍然是平板的主要收缩变形。相对于横向收缩变形来说,纵向收缩变形极小,有时甚至可忽略不计。

平板面外角变形随热源移动速度的变化趋势较复杂。图 5-35a)是纵向角变形随热源移动速度的变化曲线图,从图中可看到,纵向角变形随热源移动速度的总体变化趋势是:随着热源移动速度的增大而增大;但在一些趋于也出现锯齿形状的变化,当热源移动速度 v 处于 5~9mm/s 之间时尤其明显。图 5-35b)是横向角变形随热源移动速度的变化曲线图,从图中看到,横向角变形在热源移动速度 $v=10$mm/s 时取最大值,$v=7$mm/s 时取极小值;当 $v>10$mm/s 时,横向角变形随热源移动速度的增大而线性递减。

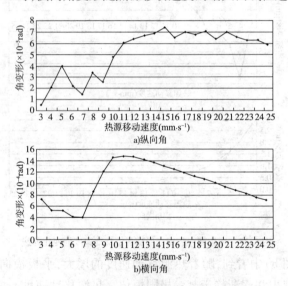

图 5-35 平板角变形随热源移动速度的变化曲线

5.3.3 扫描次数与成型结果的关系

在最常见加热条件下,重复加热平板,研究热源扫描次数与平板成型结果的关系。图 5-36 就是重复扫描四次时的,A'、B'、C'、D'四点的温度—时间曲线图。从图中可看到,第二、三、四次扫描过程中,各点最高温度基本相同,但都比第一次扫描时的最高温度高。

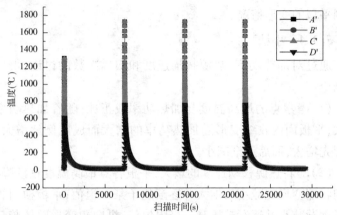

图 5-36 重复扫描四次时各点的温度—时间曲线图

随着扫描次数的增加,平板表面收缩变形和角变形的变化曲线分别如图 5-37 所示。从图 5-37a)中可看到,平板收缩变形主要为横向收缩变形,且随着扫描次数的增加,平板横向收缩变形线性增大,纵向收缩变形变化不明显,数值也很小,几乎可忽略。

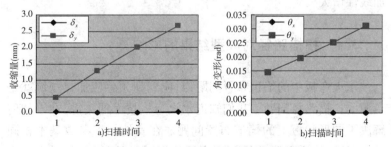

图 5-37 平板最终变形与扫描次数的关系曲线图

和收缩变形一样,平板角变形也有类似的规律:横向角变形远大于纵向角变形,且横向角变形量随热源重复扫描次数的增加线性增大,纵向角变形数值很小,变化不明显。

综上所述,平板最终变形量随热源扫描次数的增加线性增大。实际生产应用中,可根据实际工艺需要确定重复扫描次数来控制平板的变形情况。

5.3.4 小结

通过对加热功率、热源扫描速度和扫描次数的讨论,得出以下结论:

(1)考察点的最高温度与加热功率成正比;随着加热功率的增大,平板面内收缩变形随加热功率的增大而成比例地增大;角变形先增大,而后逐渐减小。

(2)随着热源移动速度的增大,平板各点最高温度逐渐降低;纵向收缩变形先减小后增大并逐渐趋于某一恒值;平板横向收缩变形逐渐减小并逐渐趋于某一极限恒值;纵向角变形总体趋势增大;横向角变形在热源移动速度 $v=10\text{mm/s}$ 时取最大值,$v=7\text{mm/s}$ 时取极小值;当 $v>10\text{mm/s}$ 时,横向角变形随热源移动速度的增大而线性递减。

(3)平板最终收缩变形量和角变形量都随热源扫描次数的增加线性增大。

5.4 扫描路径对成型结果的影响

水火弯板中的焰道布置问题,对应到高频感应加热领域就是热源的扫描路径问题。我们知道水火弯板技术的关键,在于如何解决不同形状板上的焰道布置问题。在其他加工参数基本相同的情况下,焰道布置的好坏决定了加工时间的长短,同时也决定了加工后板的质量。因此本节对热源扫描路径作一专门分析,主要讨论热源移动速度对平板温度场和最终结果变形的影响。

研究对象仍为长 1000mm、宽 1000mm、厚 20mm 的平板,网格划分同前面几节的模型,只因失去了对称性而取整块平板进行计算,共有 10300 个单元,12393 个节点。

边界条件为:点(0,500,20)在 x、y、z 三个方向固定,点(0,-500,20)在 y、z 两个方向固定,点(1000,500,20)和点(1000,-500,20)在 z 方向固定。

加热轨迹:本文分析比较了 7 种不同加热轨迹的结果,这 7 种不同轨迹中,除路径 1 是直线外,其余都是抛物线,具体方程列于表 5-6。其余条件均同前面最一般条件。

扫描路径列表　　　　　　　　　　　　　表 5-6

路　径	轨迹方程	轨迹顶点	与平板横向两边界交点
路径 1	$y=0, z=0$		(0,0,0) (0,0,0)
路径 2	$y=\dfrac{(x-500)^2}{25000}, z=0$	(500,0,0)	(0,10,0) (1000,10,0)
路径 3	$y=\dfrac{4(x-500)^2}{25000}, z=0$	(500,0,0)	(0,40,0) (1000,40,0)
路径 4	$y=\dfrac{8(x-500)^2}{25000}, z=0$	(500,0,0)	(0,80,0) (1000,80,0)
路径 5	$y=\dfrac{2(x-500)^2}{25000}-10, z=0$	(500,-10,0)	(0,10,0) (1000,10,0)
路径 6	$y=\dfrac{8(x-500)^2}{25000}-40, z=0$	(500,-40,0)	(0,40,0) (1000,40,0)
路径 7	$y=\dfrac{16(x-500)^2}{25000}-80, z=0$	(500,-80,0)	(0,80,0) (1000,80,0)

图 5-38 是加热时间 $t=50s$ 时刻(此时热源沿平板纵向位移为 500mm),各不同扫描路径情况下的平板中面(即 $y=0$)的温度场分布云图,云图左边的 C1、C2、C3、…、C7 代表表 1 中的路径 1~路径 7,云图右边的数字是对应情况下平板的最高温度。从表 5-6 内容,可知路径 1~路径 4 的轨迹方程顶点都是平板加热面的中心,路径

5 的轨迹顶点与加热面中心也只有 10mm 的距离，因此在温度云图中，这些情况下平板此刻最高温度都发生平板中面上；而路径 6、7 的顶点与平板加热面中心点相距较远，分别为 40mm、80mm，而圆形感应热源的半径只有 40mm，因此在此刻的平板的最高温度无法在平板中面温度场分布云图中显示。

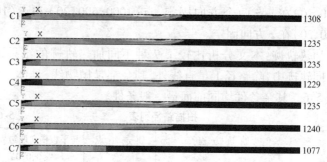

图 5-38　加热时间 $t=50\mathrm{s}$ 时的平板中面温度场分布云图

从图 5-39 的柱状图可很明显地看到，路径 1 的横向收缩变形比其余路径情况下的横向收缩变形大，路径 2、3、4、5 四种情况下的横向收缩变形基本相等，路径 6、7 的横向收缩变形都比其余情况的小，尤其是路径 7 的。究其原因，是热源扫描轨迹与 A、B、C、D 各点的距离所致。路径 1 为直线，与 A、B、C、D 四点的距离均最小；路径 2、3、4 的顶点都是平板加热面中心点，与 C 点的距离只有 10mm，路径 5 顶点偏移量较小，与 A、B、D 各点的距离也较小，因此收缩变形比路径 6、7 的大；路径 7 的曲率最大，顶点偏移量也大，收缩变形小。纵向收缩变形随热源扫描轨迹的变化情况与横向收缩变形的规律有些许的差异，路径 2、3、4、5 的纵向收缩变形仍然基本相等，但都大于路径 1 和路径 6 的纵向收缩变形，路径 7 的纵向收缩变形依然最小。

图 5-40 是各不同路径情况下的角变形比较分析图。平板角变形随热源扫描轨迹的变化规律同收缩变形随热源扫描轨迹的

第五章 船舶板材其他加工参数对成型结果的影响

变化规律。

综上所述,平板收缩变形和角变形均与热源扫描路径密切相关,当热源扫描路径越接近平板中面时,平板收缩变形和角变形都越大,路径越远离平板中面时收缩变形和角变形都越小。

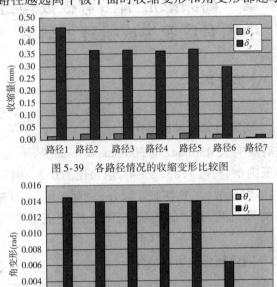

图 5-39　各路径情况的收缩变形比较图

图 5-40　各路径情况的角变形比较图

第六章 高频感应加热弯板成型过程中固有应变生成机理的研究

6.1 计算过程

6.1.1 研究对象及材料属性

研究对象为长 450mm、宽 300mm、厚 6mm 的平板,材料为普通船用低碳钢,密度 7.833g/cm^3,泊松比为 0.3,弹性模量 E,比热 c,热传导系数 λ,热膨胀系数 α,屈服强度 σ_y 都随温度变化。具体的随温度变化的热物理和机械性能参数如图 6-1 所示。

6.1.2 网格划分和边界条件

网格划分过程中充分考虑到感应加热特点,沿远离加热线方向由密到疏进行网格分划,厚度方向考虑到涡流内部生热和表面集肤效应,划分 4 层,用表面层内部热生成方式加热。钢板总的网格分划如图 6-2 所示,长度方向分划为 45 格,宽度方向分划为 26 格,厚度方向分划为 4 格。数值模拟过程中决定把该感应热源简化成具有一定厚度的在 XY 平面上成圆形的高斯分布热源。模拟计算中环境温度为 20°C,材料服从 Mises 屈服条件,采用多线形各向同性硬化。

变形模拟计算时的约束条件如图 6-2 中 E,F,G 三点所示,E 点 X,Y,Z 三个自由度都固定,F 点 Y,Z 两个自由度固定,G 点的 Z 自由度固定。

第六章 高频感应加热弯板成型过程中固有应变生成机理的研究

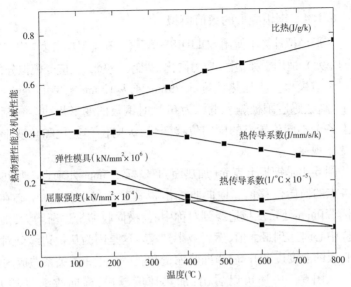

图 6-1　所用材料的热物理性能和机械性能

6.1.3 瞬态温度场模拟

温度场模拟中使用了 SOLID70 单元，它是 8 节点单自由度（温度）三维热传导体，适用于三维稳态和瞬态热分析。高频变压器阳极输出电压 5kV，加热速度为 7.1mm/s，加热 60s 时的温度分布如图 6-3 所示。

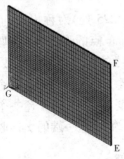

图 6-2　模型网格划分

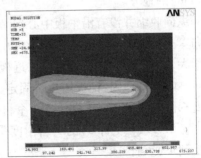

图 6-3　温度分布图

6.1.4 钢板变形的数值模拟

变形模拟计算中使用 SOLID185 单元(8 节点 3 自由度三维实体结构单元),适用于弹塑性、应力硬化、蠕变、大变形、大应变模拟分析。

本节模拟分析加热速度 5.79mm/s,7.12mm/s,8.47mm/s 情况下,高频感应阳极输入电压为 6kV 时钢板的变形规律。包括钢板上各个不同位置点的横向位移变化,纵向位移变化和角变形量的变化规律。

图 6-4 是钢板上表面(加热面)Y 坐标 225mm 处垂直于加热线的各点的横向位移值。横向收缩沿板宽对称出现(对称中心在 X 坐标 150mm 处),从板边缘到对称中心,横向收缩量逐渐增大,接近对称中心时达到最大值,然后减小到零。这是因为从板边缘到对称中心板的温度逐渐升高,横向收缩量和温度成正相关关系造成的。

从图 6-4 中还可以看出:加热速度越慢,横向收缩量越大。这是因为加热速度越慢,钢板获得的热输入量越大,从而产生的横向残余塑性变形也越大。

图 6-5 是钢板上表面(加热面)位于加热线上各点的纵向位移值,沿加热线各点都向钢板中间(位移值 0 点处)产生了不同程度收缩。收缩的峰值出现在靠近板边缘(接近 Y 坐标 25mm 和 425mm)的地方。

纵向收缩并没有沿钢板中心(Y 坐标 225 处)对称出现,而是都向 Y 坐标 45mm 处收缩。随着离开 45mm 点的距离增大而收缩量增大,直到达到峰值,然后在靠近板边缘的地方开始慢慢减小。不对称收缩的原因:钢板加热时固定了 E,F,G 三点,E 点三个自由度都固定,F 点固定了 Y,Z 两个自由度,G 点固定了 Z 一个自由度。EF 线(Y 坐标 0)的 Y 自由度受到约束,这一端的 Y 向收缩都受到了影响。

从图 6-5 中还可以看出:加热速度越慢,纵向收缩量越大。

这是因为加热速度越慢,钢板获得的热输入量越大,从而产生的纵向残余塑性变形也越大。

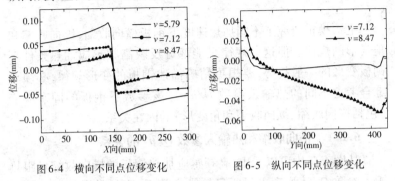

图 6-4 横向不同点位移变化　　图 6-5 纵向不同点位移变化

图 6-6 是钢板上表面(加热面)位于加热线上各点的 Z 向位移值,加热线上各点都产生了 Z 向收缩。沿着加热移动方向, Z 向收缩逐渐增大。增大的原因:随着加热过程的进行,钢板获得热量逐渐增多,从而后加热部分相对于先加热部分产生的角变形也增大。后加热区的变形大于先加热区的变形这一点也得到了实验的验证。

从图 6-6 中还可见:加热速度越慢,角变形量越大。这是因为加热速度越慢,钢板获得的热输入量越大,从而产生的角变形也越大。

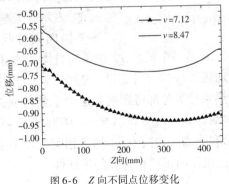

图 6-6　Z 向不同点位移变化

6.2 热输入参数 Q/h^2 与变形的关系

上边模拟研究了不同加热速度下钢板横向收缩,纵向收缩和角变形的规律。但这些规律只能部分反映高频感应加热条件下钢板变形的一般趋势,要想更精确描述钢板的变形规律,必须要综合考虑不同的热输入参数 Q/h^2 与该参数下钢板的固有应变(包括横向收缩、纵向收缩和角变形)的内在关系。

6.2.1 横向收缩和热输入参数 Q/h^2 的关系

从图 6-7 中可以看出,高频感应加热钢板的横向收缩量跟热输入参数 Q/h^2 呈现出很明显的线形关系,也就是说钢板的横向收缩随着热输入参数 Q/h^2 的增加而正比增加,随着热输入参数 Q/h^2 的减少而正比减少。钢板横向收缩随热输入参数 Q/h^2 的线性变化可以用式(6-1)来表达。

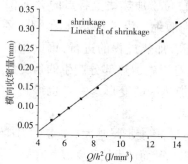

图 6-7 横向收缩与 Q/h^2 关系曲线

$$\zeta_{横} = \zeta_0 + \alpha q \quad (6-1)$$

式中,$\zeta_{横}$ 表示钢板的横向收缩量,ζ_0 表示在热输入为零时的一个横向固有收缩值,q 是热输入参数 Q/h^2,α 是一个系数,ζ_0 和 α 与具体加热过程密切相关,热源类型、被加热工件的尺寸形状、被加热材料的热物理性能和机械性能、散热条件等等都将影响到这个系数的取值。本模拟计算的热输入参数计算可以得到 $\zeta_0 = -0.079 \text{mm}, \alpha = 0.028$。

横向收缩和热输入参数 Q/h^2 的正相关线性关系得到了实验结果的验证,这也证明了模拟计算的正确性。

6.2.2 纵向收缩和热输入参数 Q/h^2 之间的关系

本研究在考察钢板高频感应加热纵向变形时,模拟计算了钢板纵向收缩力 Tendon Force 和热输入参数 Q/h^2 之间的关系。

本研究中纵向收缩力(Tendon Force)的计算原理如下:根据固有应变理论,固有应变是焊接变形和焊接残余应力的源。其中纵向收缩力 F_T 与纵向固有应变之间的关系可以用式(6-2)来表示。

$$F_T = \int E\varepsilon_x^* \, dydz \quad (6\text{-}2)$$

式中: E ——弹性模量;

$$\varepsilon_x^* = \frac{\int \varepsilon_x \Delta A}{A}$$ ——焊缝纵向的固有应变。

模拟计算时,先算出垂直于加热方向的中截面上各个单元的平均应变 ε_x ,然后求出固有应变 ε_x^* ,再乘以钢在环境温度下的弹性模量和中截面的面积,从而得到 F_T 。

从图6-8中可以看出,高频感应加热钢板的纵向收缩力与热输入参数 Q/h^2 呈现出很明显的线形关系,也就是说钢板的 Tendon Force 随着热输入参数 Q/h^2 的增加而正比增加,随着热输入参数 Q/h^2 的减少而正比减少。钢板纵向收缩力随热输入参数 Q/h^2 的线性变化可以用式(6-3)来表达。

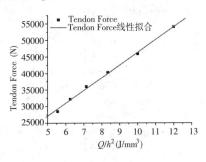

图6-8 纵向收缩力与 Q/h^2 关系曲线

$$F_t = F_0 + \beta q \quad (6\text{-}3)$$

式中: F_t ——钢板的纵向收缩力;

F_0 ——热输入为零时的一个纵向固有收缩值;

q——热输入参数 Q/h^2；

β——系数。

F_0、β 与具体加热过程密切相关、热源类型、被加热工件的尺寸形状、被加热材料的热物理性能和机械性能、散热条件等等都将影响到这个系数的取值。

本模拟计算条件下可以计算得到 $F_0=7930.8\text{N}$, $\beta=3841.6$。纵向收缩和热输入参数 Q/h^2 的正相关线性关系得到了实验结果的验证，这也证明了模拟计算的正确性。

6.2.3 角变形和热输入参数 Q/h^2 之间的关系

图 6-9 说明了数值模拟的高频感应加热条件下，钢板角变形随热输入参数 Q/h^2 的变化情况。从图可以看出，热输入参数较小时，角变形随着 Q/h^2 的增加也迅速增加，随着热输入参数的逐渐增大，角变形的增加趋势逐渐变慢，当热输入参数达到一定值时，角变形达到一个最大峰值，然后，随着热输入参数的继续增大，角变形慢慢减小。

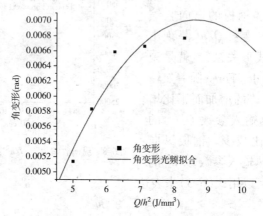

图 6-9 模拟的角变形与 Q/h^2 关系曲线

角变形的这种变化规律可以这样来解释。因为决定角变形

第六章　高频感应加热弯板成型过程中固有应变生成机理的研究

大小的因素有线能量和板厚,角变形的形成归根到底就是厚度方向的横向收缩不一致所引起的。当热输入不是很大时,随着热输入量的增大,线能量也增大,从而角变形也会随着增大,这是因为表面加热后,钢板内的热应力达到了材料的屈服极限产生残余塑性变形,由于厚度方向的温度梯度的存在,使得厚度方向的横向收缩不一致,热输入越大,这种不一致越显著,从而产生的角变形也越大。但当热输入进一步增大到与板厚尺寸相当时(即热输入相对于板的厚度尺寸增大到一个门槛值),此时随热输入的增大,钢板已经被充分加热,钢板背面的温度也上升很快,这样钢板厚度方向的温度梯度不再增大,反而会有所减小,因而厚度方向产生的横向收缩差别也减小,所以角变形量同时也减小。

模拟计算的角变形和热输入参数 Q/h^2 之间的关系和实验的变化趋势一致,这也证明了模拟计算的正确性。和实验结果相比,模拟计算时角变形结果偏小,原理可能有两个:

(1)加热模型的简化问题。建立简化模型时,把厚度为6mm的钢板沿着厚方向平均分成了四层网格,每层的厚度是1.5mm,然后在加热时,使用了单元热生成,热量加在表面层的体单元上。而实验中所采用的高频变压器的工作频率是170kHz,该频率的电流透入深度为1.21mm,也就是说实际加热过程中是在表面1.21mm的厚度范围内电阻生热的。实际加热层的厚度比模拟计算时加热层的厚度小,更小的加热层厚度会在钢板厚度方向产生更大的温度梯度,从而引起厚度方向上更大的横向收缩差距,形成更大的角变形。

(2)重力因素。实际加热过程中,钢板由底面四个角点支撑,当钢板被加热到高温状态时,其自身重力的存在必然会产生一个角变形量。而在模拟计算过程中,没有考虑重力对角变形的影响。

6.3 热源移动速度和变形的关系

6.3.1 纵向收缩和热源移动速度的关系

从图 6-10 可以明显看出,随着加热速度的逐渐增加,纵向收缩逐渐减小。这是因为速度越大,钢板所获得的热输入量就越小,从而产生的残余塑性变形也越小。随着高频变压器阳极输出电压的逐渐增加,纵向收缩逐渐增加。是因为高频变压器的阳极输出电压越高,输出的功率就越大,钢板吸收的热量就越多,产生的残余塑性变形也越大。纵向收缩和热源移动速度的这种关系得到了实验结果的验证,这也证明了模拟计算的正确性。

6.3.2 横向收缩和热源移动速度的关系

从图 6-11 中可以明显看出,随着加热速度的逐渐增加,横向收缩逐渐减小。这是因为速度越大,钢板所获得的热输入量就越小,从而产生的残余塑性变形也越小。随着高频变压器阳极输出电压的逐渐增加,横向收缩逐渐增加。这是因为高频变压器的阳极输出电压越高,输出的功率就越大,钢板吸收的热量就越多,产生的残余塑性变形也越大。横向收缩和热源移动速度的这种关系得到了实验结果的验证,这也证明了模拟计算的正确性。

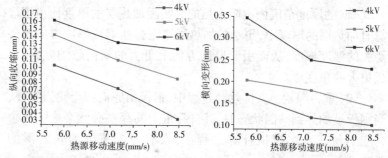

图 6-10 纵向收缩和热源移动速度的关系   图 6-11 横向收缩和热源移动速度的关系

6.4 本章小结

利用热弹塑性有限元方法分析了板在高频感应加热过程中的力学行为,研究了高频感应加热过程中固有应变的生成机理。

(1) 影响固有应变的主要因素是加热的最高达到温度 T_{max} 和拘束参数 β。在实际结构中,这两个参数分别对应于热输入和结构的板厚以及约束条件。

(2) 钢板横向收缩随热输入参数 Q/h^2 的线性变化可以用式 $\zeta_{横} = \zeta_0 + \alpha q$ 来表达,本模拟计算的热输入参数计算可以得到 $\zeta_0 = -0.079 \text{mm}, \alpha = 0.028$。

(3) 钢板纵向收缩力 Tendon Force 随热输入参数 Q/h^2 的线性变化可以用式 $F_t = F_0 + \beta q$ 来表达,本模拟计算条件下可以计算得到 $F_0 = 7930.8 \text{N}, \beta = 3841.6$。

(4) 钢板角变形随热输入参数 Q/h^2 的变化情况是当热输入参数较小时,角变形随着 Q/h^2 的增加也迅速增加,随着热输入参数的逐渐增大,角变形的增加趋势逐渐变慢,当热输入参数达到一定值时,角变形达到一个最大峰值,然后,随着热输入参数的继续增大,角变形慢慢减小。和实验结果相比,模拟计算时角变形结果偏小。

(5) 随着加热速度的逐渐降低,横向收缩和纵向收缩都逐渐增大。角变形则先增加后降低,存在一个峰值。

第七章 蛇行加热过程中的固有变形

7.1 蛇行加热参数对固有变形的影响

7.1.1 实验和解析模型

应用高频感应对钢板进行加热成型可以选择的热源移动方式很多,既可以选用直线行进加热,也可以选用蛇行加热,本研究着重对高频感应蛇行加热过程中的固有应变进行分析讨论。其研究模型如下:钢板尺寸为 $1m \times 1m$;厚度为 $20mm$;加热的功率为 $37kW$;热效率为 50%;感应线圈的直径为 $80mm$。

加热时的拘束条件为,加热线方向 X 用 $A(1000,0,0)$ 点约束,横向 Y 用 $B(0,500,0)$、$C(1000,500,0)$ 2 点约束,厚度方向 Z 用 $D(0,500,0)$、$E(0,-500,0)$、$F(1000,0,0)$ 三点约束。

7.1.2 热输入量和加热速度对固有变形的影响

高频感应蛇行加热的规范很多,可调节的参数主要有:热源移动速度 V、热源摆动半振幅 DYD、每周期内沿着 X 轴行进的距离 DXD、热源移动速度在 X 方向的分量 V_x、热源移动速度在 Y 方向的分量 V_y 等等,其中独立变量只有三个,其他的都可以用它们表示出来:

$$V_x = \frac{V}{\sqrt{1+4(\frac{DYD}{DXD})^2}}, \quad V_y = 2V_x \frac{DYD}{DXD}, \quad Q = \frac{IU}{V_x h^2}$$

第七章 蛇行加热过程中的固有变形

本节通过在不同加热速度及热输入量条件下,表 7-1 列出计算时 7 种不同的加热速度及其他相关的一些规范值。经过系列计算得到热输入量和固有应变的关系曲线,探讨加热速度及热输入量对固有变形的影响。

高频感应蛇行加热规范表(加热速度改变)　　表 7-1

半振幅 DYD (mm)	步长 DXD (mm)	加热速度 V (mm/min)	X 方向速度 V_x (mm/min)	Y 方向速度 V_y (mm/min)	热输入量 Q (J/mm³)
30	100	1000	857	514.2	3.135
30	100	800	686	411.6	3.919
30	100	600	514	308.4	5.225
30	100	400	343	205.8	7.838
30	100	300	257	154.2	10.45
30	100	150	129	77.4	20.9
30	100	60	51	31	52.25

图 7-1 ~ 图 7-3 分别是热输入量与横向收缩、角变形、Tendon Force 等的关系图。从图 7-1 可以看出热输入量和横向收缩成线性关系,随着热输入量增大,横向收缩也迅速增大,从图 7-2 可以看出开始时热输入量增大角变形急剧增大,当热输入量达到一定值时,角变形量达到最大值,随后随着热输入量再增大时,角变形量缓慢减少,在此过程中存在着一个角变形的峰值。这是因为决定角变形的因素有线能量和板厚,归根到底就是厚度方向的横向收缩不一致引起了角变形。总的来讲热输入量越大,线能量越大则角变形也会越大,这是因为表面加热充分,热应力达到了材料的屈服极限。但是当板

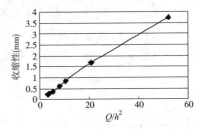

图 7-1　热输入量与横向收缩的关系

厚较小时,热输入量较大时,钢板背面的温度也上升了,这样温度差不大,厚度方向的横向收缩差别较小,所以角变形量反而减少了。因此对一定的板厚一般都对应着一个最佳的热输入量使得角变形量最大。从图7-3可以看出热输入量和Tendon Force成线性关系,随着热输入量增大,Tendon Force也迅速增大。

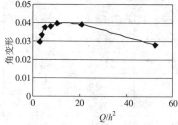

图7-2 热输入量与角变形的关系

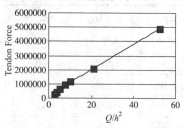

图7-3 热输入量与Tendon Force的关系

图7-4～图7-6分别是加热速度与横向收缩、角变形、Tendon Force等的关系图。从图7-4可以看出随着加热速度增大,横向收缩也迅速减少,这是很好理解的,随着加热速度的增大,线能量就减少了,横向收缩也减少符合变形规律。从图7-5可以看出开始时加热速度增大角变形急剧增大,当加热速度达到一定值时,角变形量达到最大值,随后随着加热速度再增大时,角变形量缓慢减少,在此过程中存在着一个角变形的峰值。这是因为决定角变形的因素有线能量和板厚,归根到底就是厚度方向的横向收缩不一致引起了角变形。总的来讲加热速度越低,线能量越大则角变形也会越大(图中曲线的递减部分),这是因为表面加热充分,热应力达到了材料的屈服极限。但是当板厚较小时,加热速度过低时,钢板背面的温度也上升了,这样温度差不大,

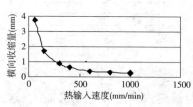

图7-4 加热速度与横向收缩的关系

厚度方向的横向收缩差别较小，所以角变形量反而减少了（图中曲线递增部分由于加热速度太低）。因此对一定的板厚一般都对应着一个最佳的加热速度使得角变形量最大，而且加热速度不能太慢。从图 7-6 可以看出随着加热速度增大，Tendon Force 也迅速减少。

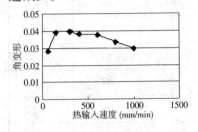
图 7-5　加热速度与角变形的关系

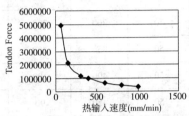
图 7-6　加热速度与 Tendon Force 的关系

7.1.3　热输入量和 DXD 对固有变形的影响

本节通过在不同加热速度及 DXD 条件下，表 7-2 列出计算时 11 种不同的加热速度和 DXD，及其他相关的一些规范值。经过系列计算得到热输入量、DXD 和固有变形的关系曲线，探讨加热速度及热输入量对固有变形的影响。

$$V_x = \frac{V}{\sqrt{1+4(\frac{DYD}{DXD})^2}}, \quad V_y = 2V_x \frac{DYD}{DXD}, \quad Q = \frac{IU}{V_x h^2}$$

高频感应蛇行加热规范表（加热速度、DXD 改变）　表 7-2

半振幅 DYD (mm)	步长 DXD (mm)	加热速度 V (mm/min)	X 方向速度 V_x (mm/min)	Y 方向速度 V_y (mm/min)	热输入量 Q (J/mm³)
50	50	3500	1565	3130	0.9
50	100	2300	1626	1626	1.4
50	150	2000	1664	1109	1.6

续上表

半振幅 DYD (mm)	步长 DXD (mm)	加热速度 V (mm/min)	X方向速度 V_x (mm/min)	Y方向速度 V_y (mm/min)	热输入量 Q (J/mm³)
50	200	1000	894	447	3.2
50	250	500	464	186	6.4
50	300	300	285	95	9.8
50	350	200	192	55	13.6
50	400	100	97	24	24.8
50	450	90	88	20	26.6
50	500	80	78	16	28.9
50	600	70	69	12	31.8

图 7-7 ~ 图 7-9 分别是热输入量与横向收缩、角变形、Tendon Force 等的关系图。从图 7-7 可以看出热输入量和横向收缩成线性关系，随着热输入量增大，横向收缩也迅速增大，并且计算结果和实验结果相当吻合。从图 7-8 可以看出开始时热输入量增大角变形急剧增大，当热输入量达到一定值时，角变形量达到最大值，随后随着热输入量再增大时，角变形量缓慢减少，在此过程中存在着一个角变形的峰值。这是因为决定角变形的因素有线能量和板厚，归根到底就是厚度方向的横向收缩不一致引起了角变形。总的来讲热输入量越大，线能量越大则角变形也会越大，这是因为

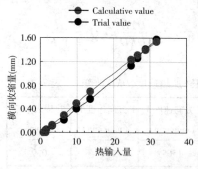

图 7-7 热输入量与横向收缩的关系

表面加热充分,热应力达到了材料的屈服极限。但是当板厚较小时,热输入量较大时,钢板背面的温度也上升了,这样温度差不大,厚度方向的横向收缩差别较小,所以角变形量反而减少了。因此对一定的板厚一般都对应着一个最佳的热输入量使得角变形量最大,从图上看计算得到的曲线和实验得到的曲线很吻合。从图7-9可以看出热输入量和 Tendon Force 成线性关系,随着热输入量增大, Tendon Force 也迅速增大,从图上可以看出无论是计算结果还是实验结果都反映了热输入量与 Tendon Force 之间的线性关系,计算值偏小可能是由于系数选取偏小的原因。

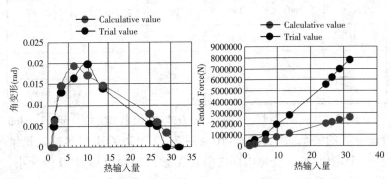

图7-8 热输入量与角变形的关系　　图7-9 热输入量与 Tendon Force 的关系

下面通过把加热速度 $V = 300mm/min$,热输入量 $Q = 10.45J/mm^2$, $DYD = 50mm$ 保持不变,在不同 DXD 条件下,表7-3列出计算时9种不同的 DXD,及其他相关的一些规范值。经过系列计算得到 DXD 与固有变形的关系曲线,探讨 DXD 对固有变形的影响。

$$V_x = \frac{V}{\sqrt{1+4(\frac{DYD}{DXD})^2}}, \quad V_y = 2V_x \frac{DYD}{DXD}, \quad Q = \frac{IU}{V_x h^2}$$

高频感应蛇行加热规范表(DXD 改变) 表 7-3

半振幅 DYD (mm)	步长 DXD (mm)	加热速度 V (mm/min)	X 方向速度 V_x (mm/min)	Y 方向速度 V_y (mm/min)	热输入量 Q (J/mm^3)
50	50	300	134	268	10.45
50	100	300	212	212	10.45
50	150	300	250	166	10.45
50	200	300	268	134	10.45
50	250	300	279	111	10.45
50	300	300	285	95	10.45
50	350	300	288	82	10.45
50	400	300	291	73	10.45
50	500	300	294	59	10.45

图 7-10 ~ 图 7-12 分别是 DXD 与横向收缩、角变形、Tendon Force 等的关系图。从图 7-10 ~ 图 7-12 可以看出当热输入量维持一个定值时,改变每周期内沿着 X 轴行进的距离 DXD 的大小,横向收缩、角变形和 Tendon Force 的变化都不大,可见 DXD 对横向收缩、角变形和 Tendon Force 的影响并不大。

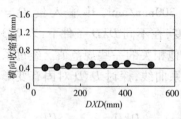

图 7-10 DXD 与横向收缩的关系

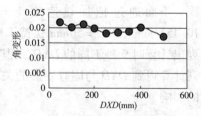

图 7-11 DXD 与角变形的关系
（热输入量为:10.45）

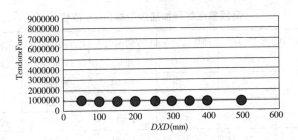

图 7-12　DXD 与 Tendon Force 的关系（热输入量：10.45）

7.1.4　热输入量和 DYD 对固有变形的影响

下面研究蛇行加热的其他参数对固有变形的影响，由于蛇行加热是热源沿纵向匀速运动还伴随左右摆动，所以热输入量不再是作直线运动时的数值了，蛇行加热的热输入量换算为：

$$Q = \eta Pt/Lh^2 = \eta P/V_x h^2 = Q_v/h^2$$

式中：η——热效率；

　　P——功率；

　　t——总的加热时间；

　　L——X 方向的长度；

　　Q_v——单位长度上的热输入量。

由上式可知在加热速度不变的情况下，热输入量与 DYD 成线性关系，根据计算分析，DYD 与 Q 的关系曲线如图 7-13 所示。

下面通过把加热速度 $V = 5.0 \text{mm/s}$，$DXD = 50 \text{mm}$ 保持不变，在不同 DYD 条件下，表 7-4 列出计算时五种不同的 DYD，及其他相关的一些规范值。经过系列计算得到 DYD 与固有变形的关系曲线，探讨 DYD 对固有变形的影响。

$$V_x = \frac{V}{\sqrt{1 + 4(\frac{DYD}{DXD})^2}}, \quad V_y = 2V_x \frac{DYD}{DXD}, \quad Q = \frac{IU}{V_x h^2}$$

高频感应蛇行加热规范表（DYD 改变）　　表 7-4

半振幅 DYD (mm)	步长 DXD (mm)	加热速度 V (mm/s)	X 方向速度 V_x (mm/s)	Y 方向速度 V_y (mm/s)	热输入量 Q (J/mm³)
20	50	5	3.904	3.123	13.383
40	50	5	2.65	4.24	19.717
60	50	5	1.923	4.615	27.17
80	50	5	1.491	4.772	35.035
100	50	5	1.213	4.851	43.086

　　图 7-14～图 7-16 分别是热输入量与横向收缩、角变形、Tendon Force 等的关系图。从图 7-14 可以看出蛇行加热的热输入量和横向收缩成线性关系，随着热输入量增大，横向收缩也迅速增大，并且在相同的热输入量下，蛇行加热所获得的横向收缩比线状加热大。从图 7-15 可以看出蛇行加热时随着热输入量增大角变形急剧增大，基本成线性关系，不会出现如线状加热时角变形随热输入量先增大后减少的情况，并且在相同热输入量的情况下蛇行加热所获得的角变形明显大于线状加热的角变形。从图 7-16 可以看出蛇行加热的热输入量和 Tendon Force 基本成线性关系，随着热输入量增大，Tendon Force 也迅速增大，从图上可以看出在相同的热输入量情况下蛇行加热的 Tendon Force 比线状加热的 Tendon Force 略大。综上所述，蛇行加热比线状加热更有利于成型。

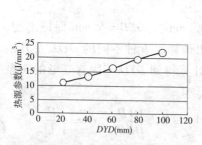

图 7-13　热输入量与半振幅 DYD 的关系

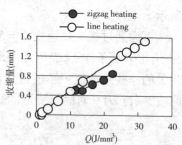

图 7-14　热输入量与横向收缩的关系

第七章 蛇行加热过程中的固有变形

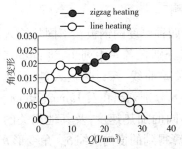 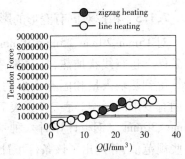

图 7-15　热输入量与角变形的关系　　图 7-16　热输入量与 Tendon Force 的关系

图 7-17 ~ 图 7-19 分别是 DYD 与横向收缩、角变形、Tendon Force 等的关系图。从图 7-17 ~ 图 7-19 可以看出随着半振幅 DYD 的增大,横向收缩、角变形、Tendon Force 缓慢增大,并基本成线性关系。这是因为 DYD 与蛇行加热的热输入量基本成线性关系,而蛇行加热的热输入量与横向收缩、角变形、Tendon Force 也基本成线性关系,在经过线性变换后,DYD 对变形的影响没有热输入量明显。

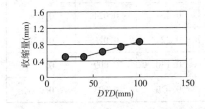 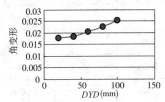

图 7-17　半振幅 DYD 与横向收缩的关系　图 7-18　半振幅 DYD 与角变形的关系

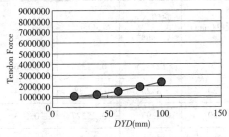

图 7-19　半振幅 DYD 与 Tendon Force 的关系(加热速度一定)

7.1.5 板厚对固有变形的影响

对 15mm、20mm、25mm、30mm 四种厚度的钢板在不同热输入量条件下进行线状加热,加热规范分别在各表中列出,进行系列计算得到热输入量和固有变形的关系曲线,探讨热输入量、板厚对固有变形的影响。表 7-5 ~ 表 7-8 分别列出在对 15mm、20mm、25mm、30mm 厚钢板计算时六种不同的加热速度,及其他相关的一些规范值,并列出了该条件下计算得到的横向收缩 δ_m、角变形 θ 等固有变形。

高频感应蛇行加热规范表(加热速度改变)   表 7-5

加热速度 (mm/min)	板厚 h (mm)	Q/h^2 (J/mm³)	δ_m(mm)	δ_m/h	θ(rad)
200	15	22.0000	0.969	0.065	0.017
300	15	14.6667	0.616	0.041	0.019
500	15	8.8000	0.354	0.024	0.028
700	15	6.2857	0.224	0.015	0.021
1000	15	4.4000	0.130	0.009	0.015
2000	15	2.2000	0.039	0.003	0.006

高频感应蛇行加热规范表(加热速度改变)   表 7-6

加热速度 (mm/min)	板厚(mm)	热输入量 (J/mm³)	δ_m(mm)	δ_m/h	θ(rad)
200	20	12.375	0.71328	0.036	0.021293
300	20	8.25	0.476388	0.024	0.029049
500	20	4.95	0.25227	0.013	0.01984
700	20	3.5357	0.154877	0.008	0.014747

第七章 蛇行加热过程中的固有变形

续上表

加热速度 (mm/min)	板厚(mm)	热输入量 (J/mm³)	δ_m(mm)	δ_m/h	θ(rad)
1000	20	2.475	0.089807	0.004	0.01006
2000	20	1.2375	0.029409	0.001	0.003716

高频感应蛇行加热规范表(加热速度改变)　　表 7-7

加热速度 (mm/min)	板厚(mm)	热输入量 (J/mm³)	δ_m(mm)	δ_m/h	θ(rad)
200	25	7.92	0.584	0.023	0.028
300	25	5.28	0.373	0.015	0.022
500	25	3.168	0.194	0.008	0.015
700	25	2.2629	0.12	0.005	0.011
1000	25	1.584	0.073	0.003	0.007
2000	25	0.792	0.024	0.001	0.002

高频感应蛇行加热规范表(加热速度改变)　　表 7-8

加热速度 (mm/min)	板厚(mm)	热输入量 (J/mm³)	δ_m(mm)	δ_m/h	θ(rad)
200	30	5.5000	0.472	0.016	0.022
300	30	3.6667	0.306	0.010	0.018
500	30	2.2000	0.157	0.005	0.011
700	30	1.5714	0.101	0.003	0.008
1000	30	1.1000	0.062	0.002	0.005
2000	30	0.5500	0.019285	0.001	0.001607

图 7-20～图 7-23 分别是不同的钢板厚度下热输入量与横向收缩、角变形等的关系图。从图 7-20～图 7-23 可以看出,不同厚度的钢板热输入量与变形的关系,总的来说反映的变化趋势是一

致，只是较薄的钢板在热输入量的增大过程中，角变形出现先增大然后减小的现象更加明显，这也是与我们前面讨论分析的结论是一致的。并且可以看出计算值和实验值能够吻合得很好。通过对比在相同热输入量情况下 15mm、20mm、25mm、30mm 四种厚度的钢板所发生变形值，可以发现随着板厚增大，横向收缩减少，这是因为板厚增大钢板的抗弯截面模量也增大了，则抵抗变形的能力也增大，所以横向收缩减少。对于角变形，在 200mm/min、300mm/min 两种情况下随着板厚增大，角变形先增大后减少，而在更快的加热速度下，板厚增大角变形只是减少。这是因为决定角变形的因素有线能量和板厚，归根到底就是厚度方向的横向收缩不一致引起了角变形。厚度越大钢板的抗弯截面模量也越大，抵抗角变形的能力越大，但是厚度越大，在厚度方向的温度差也就越显著，可能发生的角变形却越大。所以对应某一热输入量，角变形的大小取决于抗弯截面模量和温度差哪一因素占主导。总的来讲热输入量越大，线能量越大则角变形也会越大，这是因为表面加热充分，热应力达到了材料的屈服极限。但是当板厚较小时，热输入量较大时，钢板背面的温度也上升了，这样温度差不大，厚度方向的横向收缩差别较小，所以角变形量反而减少了。因此对一定的板厚一般都对应着一个最佳的热输入量使得角变形量最大。

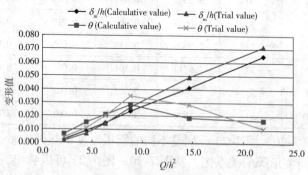

图 7-20　15mm 厚钢板热输入量与变形的关系

第七章 蛇行加热过程中的固有变形

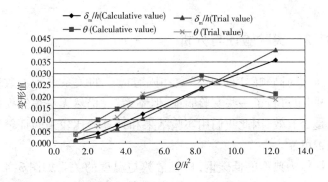

图 7-21　20mm 厚钢板热输入量与变形的关系

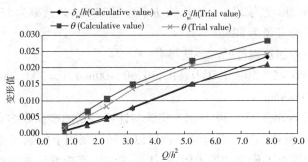

图 7-22　25mm 厚钢板热输入量与变形的关系

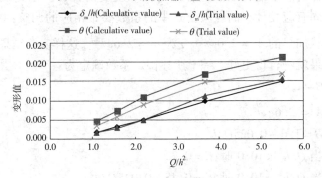

图 7-23　30mm 厚钢板热输入量与变形的关系

7.2 实验验证与分析

前面对高频感应加热参数和固有应变的关系进行了数值计算,中间也进行了一些实验验证,但不系统,仍然无法得知模拟的结果是否有效,因此我们用实验结果和计算值比较来验证模拟结果是否可靠。

材料为典型的低碳钢,材料常数与温度的关系如图 3-4 ~ 图 3-8 所示,选用蛇行加热时,解析及实验条件如下:钢板尺寸为 $1m \times 1m$,厚度为 20mm,加热的功率选用 38kW,热效率为 55%,感应线圈的直径为 80mm。

蛇行加热规范的参数选择有:
$DYD = 25,50mm, DXD = 10,30,50,100mm, V = 300,500,750, 1000,2000mm/s$

图 7-24 ~ 图 7-39 分别为实验与计算得到的横向收缩和角变形对比,具体的实验及计算条件可以参照每张图上的规范说明。

根据有关研究结果表明,线状加热的固有应变计算的经验公式同样适用于蛇行加热过程中的固有应变的计算。但是蛇行加热的固有应变计算的经验公式中的系数要做相应的调整:A 由原来线状加热的 $A = 2.0e^{\frac{5.813}{Q/h^2}}$ 变为 $A = 2.6e^{\frac{5.813}{Q/h^2}}$,这样实验结果和计算结果就吻合得更好。综上所述待定系数确定为:

$\beta = 1$

$A = 2.6e^{\frac{5.813}{Q/h^2}}$

$B = 1.0 + 0.025Q/h^2$

当 $Q/h^2 < 10.0$ 时,$C = 0.2$

当 $Q/h^2 \geq 10.0$ 时,$C = 0.45 - 0.025Q/h^2$

图 7-24 ~ 图 7-39 反映了给定不同的 DYD、DXD 组合值时,热

输入量与横向收缩、角变形的相互关系。总的来说计算值反映的变化趋势和以前的计算分析一致,计算值和实验值也能够基本吻合,但是它们之间还是存在有一定的差异,这可能是因为计算时选取的经验公式的系数存在偏差,也可能是因为实验测量或实验条件的误差造成的。总的来说运用经验公式对高频感应加热过程中的固有应变进行的模拟计算是有效的,结果也基本准确,但是有必要再进行一些改进。

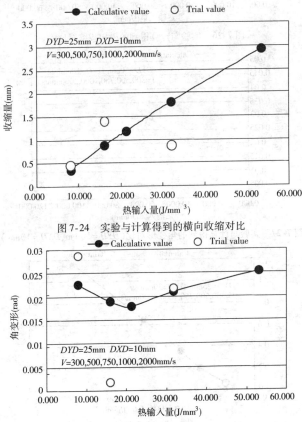

图7-24 实验与计算得到的横向收缩对比

图7-25 实验与计算得到的角变形对比($DYD=25mm, DXD=10mm$)

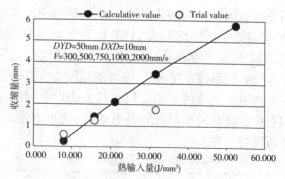

图 7-26　实验与计算得到的横向收缩对比

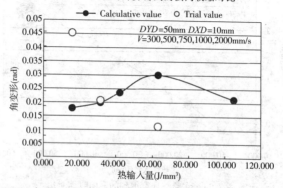

图 7-27　实验与计算得到的角变形对比（$DYD=50\text{mm}, DXD=10\text{mm}$）

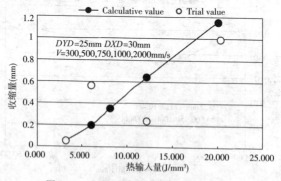

图 7-28　实验与计算得到的横向收缩对比

第七章 蛇行加热过程中的固有变形

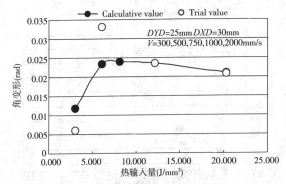

图 7-29 实验与计算得到的角变形对比（$DYD=25\text{mm}, DXD=30\text{mm}$）

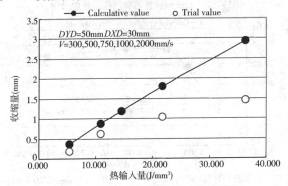

图 7-30 实验与计算得到的横向收缩对比

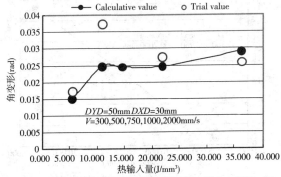

图 7-31 实验与计算得到的角变形对比（$DYD=25\text{mm}, DXD=30\text{mm}$）

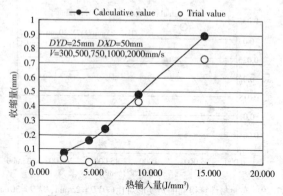

图 7-32　实验与计算得到的横向收缩对比

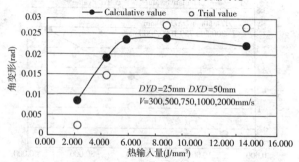

图 7-33　实验与计算得到的角变形对比（$DYD=25\text{mm}, DXD=50\text{mm}$）

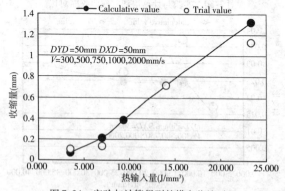

图 7-34　实验与计算得到的横向收缩对比

第七章 蛇行加热过程中的固有变形

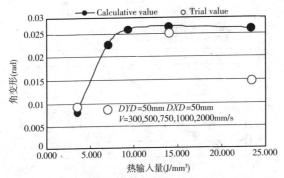

图 7-35 实验与计算得到的角变形对比（$DYD = 50\text{mm}, DXD = 50\text{mm}$）

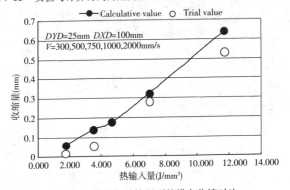

图 7-36 实验与计算得到的横向收缩对比

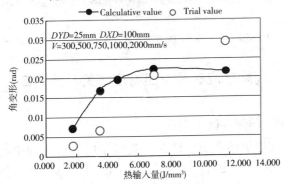

图 7-37 实验与计算得到的角变形对比（$DYD = 25\text{mm}, DXD = 100\text{mm}$）

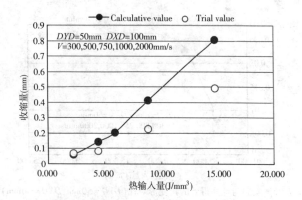

图 7-38 实验与计算得到的横向收缩对比

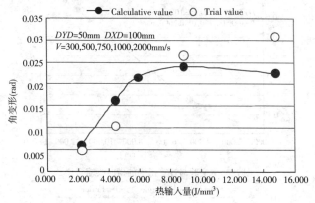

图 7-39 实验与计算得到的角变形对比($DYD=50mm, DXD=100mm$)

7.3 高频感应参数及固有应变关系数据库

7.3.1 数据库的结构

高频感应加热弯板辅助系统是基于固有应变理论的有限元计算程序,固有应变有限元法的优点在于计算速度快,热源附近不用细化网格,能计算大型模型,但必须要知道材料在各种加热参数下产生的横向收缩、纵向收缩等信息,也就是该加热参数下材料产生的固有应变,这些固有应变信息可以通过改变加热参数时做大量的实验和热弹塑性计算得到。这些数据信息需要储存,而且要便于辅助系统查询调用,所以必须采用数据库形式。

系统采用数据库为 MS Access(*.mdb)。目前常用的数据库有 SQL Server,MYSQL,Oracle,Access 几种,Access 相对与其他几种数据库形式来讲有几种优势:开发成本低,兼容性好,无需采用 C/S 形式,安装方便;但它也有自身的缺点,如网络功能差,只能同时供给 80 个左右用户同时查询,否则访问速度会明显减慢等。Access 的缺点在应用到高频感应加热弯板辅助系统是不存在的,因为辅助系统本身目前还无需支持远程访问功能,而且访问数据库的只有辅助系统一个用户。所以高频感应加热弯板辅助系统最理想的数据库是 MS Access。

目前建立的 Access 数据库有如表 7-9 所示的几个关键字段:板厚 thick,移动速度 velocity,横向收缩 x,横向角变形 rx,横向收缩 y,纵向角变形 ry。

数据库关键字段意义　　　　表 7-9

字段名称	数据类型	
id	自动编号	
thick	数字	板厚
velocity	数字	热源移动速度
x	数字	横向收缩
rx	数字	横向角变形
y	数字	纵向收缩
ry	数字	纵向角变形
		字段属性

表 7-10 列出了板厚为 20mm 的数据的例。通过进行大量的试验或热弹塑性有限元计算,可以逐步完善数据库以适应辅助系统对各种加热参数的需求。对于无法确切达到的加热参数,辅助系统还可以通过线性插值得到。

数据库中的板厚为 **20mm** 的固有应变信息　表 7-10

id	thick	velocity	x	rx	y	ry
11	20	70	0	1.5725	1.2	.1
10	20	80	0	1.4125	1.2	.1
9	20	90	.08	1.2556	1.2	.1
8	20	100	.1	1.13	1.2	.1
7	20	200	.5	.585	1.2	.1
6	20	300	1	.4	1.2	.1
5	20	500	1.5	.22	1.2	.1
4	20	1000	2.4	.11	1.2	.2
3	20	2000	2.4	.055	1.2	.4
2	20	2300	2.4	.042	1.2	.5
1	20	3500	2.4	0	1.2	.5

为建立弯板成型加热参数和固有应变关系数据库,主要可以通过两种方法:高频感应加热弯板成型实验和热弹塑性有限元计算。

7.3.2　高频感应加热弯板成型实验建立数据库

实验利用数控高频感应设备,如图 7-40 所示,选用 1000×1000×20 钢板作为实验模型进行系列实验,加热线位置如图 7-41 所示,热源速度分别为 400mm/min、500mm/min、600mm/min、800mm/min、1000mm/min、1200mm/min、1500mm/min、2000mm/min,分别测量在上述加热参数下平板的变形。

图 7-40　高频感应加热弯板机　　　　图 7-41　高频感应加热后的钢板

1000×1000×20 板系列实验结果汇总如表 7-11 所示。图 7-42 和图 7-43 分别给出了高频感应加热速度和纵向收缩量关系曲线和高频感应加热速度和纵向收缩量关系曲线。由图可见变形量随着加热速度的增加而呈整体下降趋势。

1000×1000×20 板实验结果汇总　　　表 7-11

工 艺 参 数	纵向收缩量	横向收缩量	纵 向 角 度	横 向 角 度
400mm/min,42kW	0.08	1.492	0.004	0.031425
500mm/min,43kW	0.2	1.224	0.007	0.0292
600mm/min,44kW	0.08	1.292	0.005	0.029475
800mm/min,47kW	0.24	0.932	0.0045	0.0275
1000mm/min,50kW	0	0.84	0.006	0.024175
1200mm/min,51kW	0.06	0.712	0.0045	0.0211
1500mm/min,52kW	0.06	0.736	0.007	0.019475
2000mm/min,55kW	0.02	0.564	0.007	0.0168

高频感应加热参数和固有应变关系数据库的完善和充实也需要一个过程，目前做的热弹塑性数值模拟还远远不能满足辅助系统的需求，还需在生产实践中与计算得到的数据分析比较，不断调整数据库，使得辅助系统能够根据目标成型曲面制定出最佳的加热方案。通过大量的实验，可以逐步完善数据库以适应辅助系统对各种加热参数的需求。

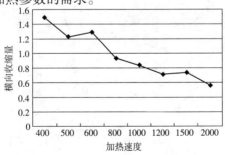

图 7-42　高频感应加热速度和纵向收缩量关系曲线

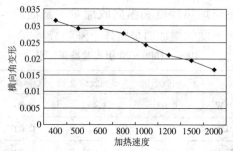

图 7-43　高频感应加热速度和纵向收缩量关系曲线

7.4　本章小结

（1）研究了蛇行加热参数对固有变形的影响,其中分别讨论了热输入量和加热速度对固有变形的影响,热输入量和 *DXD* 对固有变形的影响,热输入量和 *DYD* 对固有变形的影响,板厚对固有变形的影响。经过大量的计算,为建立蛇行加热参数与固有变形关系的数据库提供了数据基础。

（2）通过一系列具体的加热规范下（*DYD*、*DXD*、*V* 等确定的参数条件下计算得到横向收缩和角变形）的固有变形的实验值和计算值的比较分析,以实验验证了计算方法是有效的。

第八章 计算机辅助高频感应弯板成型系统的开发

8.1 系统的总体设计思想

高频感应加热弯板成型计算机辅助系统是专门为船板曲面加工设计开发的,其主要功能是根据船板目标成型曲面的要求制定加热方案,然后控制加工设备完成船板的加工。它通过理论计算和以前工人师傅的手工加工经验,实现船板成型加工的自动化。实现输入目标曲面,输出加热方案的系统工作流程如图8-1所示。

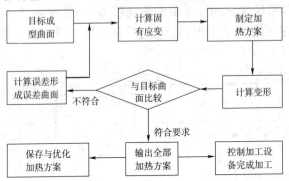

图8-1 辅助系统工作流程图

首先测量目标成型曲面,转化为数学模型。模拟曲面强制变形为平板的过程,得出固有应变分布情况,再根据固有应变分布情况再制定加热方案,应用计算程序计算加热变形。

由于加热参数的限定,不可能所有的曲面都能一次性加工完成,对于加热变形后生成的曲面,程序会和目标曲面进行比较,如果发现有差别,会生成差别曲面作为新的目标曲面再制定一次加热方案,不过这次输入的模型是前一次加热后已经变形的模型。当加热生成的曲面和目标曲面基本吻合后,输出所有的加热方案,这些加热方案有可能分成几步。对于加热方案步数太多,有优化的余地,系统会分析和保存这种情况,以便今后再次碰到类似情况时作优化处理,达到机器学习的目的,所以系统计算的模型越多,制定的方案也会越趋最优化。最终达到输入目标曲面,生成最优的加热方案目的。

系统还要以软件的形式嵌入高频感应弯板成型加工设备,把制定的方案用加工设备实施出来,实现船板加工的自动化。

8.2 系统的主要功能和模块

辅助系统能够建立平板和曲面模型、划分网格、计算加热方案、计算板的热应力变形和后处理功能。辅助系统的模块划分如图 8-2 所示。

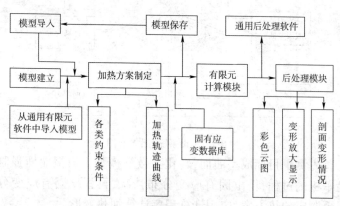

图 8-2 辅助系统模块划分

8.2.1 导入 DXF 文件建立目标曲面模型模块

该模块能实现目标曲面模型的建立,自动划分网格,网格用四节点弹性板壳单元;系统通过读入 AutoCAD 中生成的 DXF 文件,获得目标曲面的边界线和 Marking 线信息,根据边界线进行网格划分,由 Marking 线信息建立双三次样条插值曲面函数,从而建立三维目标曲面模型。点击"确定"按钮后,系统将建立的模型保存在 tempfile 目录下,文件名为"work.txt",其中包含了模块读取的边界线和 marking 线信息,下次建模时直接读这些文件即可。建立目标曲面模型模块的界面如图 8-3 所示。

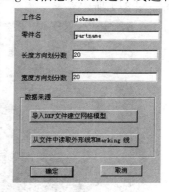

图 8-3 建立目标曲面模型模块界面

8.2.2 有限元模型处理模块

该模块可以从数据库中导入有限元模型、设定模型边界条件和模型各种属性、进行平面展开等操作。并在数据库中保存修改了的相关信息。

(1) 导入有限元模型

该辅助系统能从数据库中导入系统以前保存的文档,便于修改和再次编辑;能从通用有限元软件中导入模型。辅助系统能建立简单模型,对于复杂模型(例如含有复杂曲面的模型)通过辅助系统很难建立,所以必须依靠于其他通用有限元软件的强大建模功能,把其他有限元软件已经建立好的模型导入该辅助系统中,这样辅助系统的任务主要变成了编辑模型各种约束条件和加载加热线,然后计算出变形。从通用有限元软件中导入模型主要难点是必须知道通用有限元软件输出的模型信息的格式，这些都可以在这些软件的官方网站上查找相关二次开发的文档解决。目前设计的辅助系统要能够实现导入 Ansys、Patran、Abaqus 建立的模型，这些模型必须已经进行了网格划分，这样辅助系统只需读入模型的单元划分和节点信息。导入模块界面如图 8-4 所示。

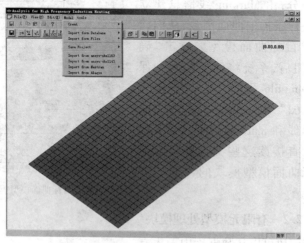

图 8-4 导入模块界面

（2）边界条件及模型属性设定模块

进行曲面热应力变形计算时，无论是建立的模型还是导入的模型，都要进行边界条件及模型属性的设定。目前该系统可以从数据库中读入各种边界条件；输入或修改固定点、接触点、节点力、节点温度等边界条件；输入或修改单元固有应变、单元力、单元位移等边界条件；输入或修改删除单元，临时屏蔽单元；输入或修改重力边界条件等功能。简要介绍如下：

① 按钮 DIS

按钮 、 和 要配合按钮 DIS 一起使用，作用是固定模型。

第八章 计算机辅助高频感应弯板成型系统的开发

按下按钮 DIS,界面左上方出现标题为"Point displacement"的对话框(图8-5),Node id 代表鼠标滑过的节点编号;dx、dy 和 dz 描述节点在三个方向的固定情况;Rx、Ry 和 Rz 是描述节点在绕三个方向上旋转角度的固定情况。如果 dx = -99 表示节点在 x 方向没有固定,节点可在 x 方向上自由移动;dx = 0 表示节点在 x 方向上固定;dx = -1 表示节点固定在距离节点初始坐标为 -1 的位置。dy、dz、Rx、Ry 和 Rz 值的意义和 dx 类似。

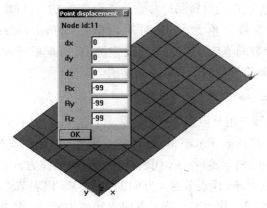

图8-5 "Point displacement"对话框

②按钮 MATE

按钮 MATE 作用是设定模型材料属性。按下此按钮,界面左上方出现标题为"Material Property"的对话框(图8-6),Element id 表示单元编号,Thick 表示板厚,E 表示材料弹性模量,u 表示泊松比,From Element to 用于选择单元,以便将材料属性数据添加到单元上,如果知道单元的编号,可在两个框内填上单元起始编号和结束编号,再按 OK 按钮,则上面设定的材料属性应用到这些编号的单元上。如果两个文本框内都是 0,按 OK 按钮,上面设定的材料属性应用到图形中选中的单元上(如何在图形中选择单元在下面有描述)。如果想单独设定某个材料属性,例如板厚 Thick,可以点击 Thick 后的按钮 ...,弹出"Apply Range"对话框,对话框上有三个单选按钮,选择"All elements",将厚度值(对话框中 Thick 旁边文本框内的值)应用到所有单元上;选择"Selected elements",将厚度值应用到图形中选择的单元上(如何在图形中选择单元在下面有描述);选择"Customize",将厚度值应用到自定义选择单元上,自定义选择单元应填参数为:单元开始编号、结束编号及编号间隔。要验证单元材料属性参数是否设置成功,可以将鼠标放在已经设定参数的单元上,这时对话框"Material Property"中的 Thick 等参数的值应该变成先前设定的值,而把鼠标放在其他单元上,Thick 等参数的值应该是初始值。

③按钮 FOR

按钮 FOR 作用是设定节点初始应力。按下此按钮,界面左上方出现标题为"Point Force"的对话框(图 8-7),对话框中 Node id 代表鼠标滑过的节点编号;Fx 代表节点 x 方向的应力,Fy 代表节点 y 方向的应力,Fz 代表节点 z 方向的应力,Mx 代表节点绕 x 方向旋转的力矩,My 代表节点绕 y 方向旋转的力矩,Mz 代表节点绕 z 方向旋转的力矩。

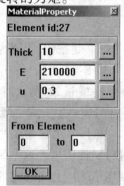

图 8-6 "Material Property"对话框

图 8-7 "Point force"对话框

第八章 计算机辅助高频感应弯板成型系统的开发

④按钮 FOR

按钮 FOR 作用是设定单元初始应力。按下此按钮,界面左上方出现标题为"Element Force"的对话框(图8-8),对话框中 Element id 代表单元编号,下面方括号内的四个数字代表该单元的四个节点的编号,四个单选按钮代表单元的四个节点,选择其中的一个节点编辑 F1~F6 参数,F1 代表节点 x 方向的应力,F2 代表节点 y 方向的应力,F3 代表节点 z 方向的应力,F4 代表节点绕 x 方向旋转的力矩,F5 代表节点绕 y 方向旋转的力矩,F6 代表节点绕 z 方向旋转的力矩。

⑤按钮 INH

按钮 INH 作用是设定单元初始固有应变。按下此按钮,界面左上方出现标题为"Inherent strain"的对话框(图8-9),对话框中 Element id 代表单元编号,dx 代表单元 x 方向的固有应变,dy 代表单元 y 方向的固有应变,dz 代表单元 z 方向的固有应变,rx 代表单元绕 x 旋转方向的固有应变,ry 代表单元绕 y 旋转方向的固有应变,rz 代表单元绕 z 旋转方向的固有应变。

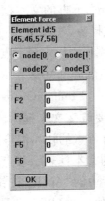

图8-8 "Element force"对话框

图8-9 "Inherent strain"对话框

⑥按钮 E/DIS

按钮 E/DIS 作用是设定单元初始位移。按下此按钮,界面左上方出现标题为"Element displacement"的对话框(图8-10),对话框中 Element id 代表单元编号,下面方括号内的四个数字代表该单元的四个节点的编号,四个单选按钮代表单元的四个节点,选择其中的一个节点编辑 u1~u6 参数,u1 代表节点 x 方向的位移,u2 代表节点 y 方向的位移,u3 代表节点 z 方向的位移,u4 代表节点绕 x 方向旋转的角度,u5 代表节点绕 y 方向旋转的角度,u6 代表节点绕 z 方向旋转的角度。

图 8-10 "Element displacement" 对话框

⑦按钮 P/TEM

按钮 P/TEM 作用是设定节点初始温度。按下此按钮,界面左上方出现标题为"Point temperature"的对话框(图 8-11),对话框中 Node id 代表单元编号,"Point temperature"下方的文本框表示节点温度值,默认为 20℃,可以在图形中选择节点,修改文本框中的温度值,然后按 OK 按钮,这时可以发现图形中设定了节点温度的地方有黑色数字(数字的值为设定的该点的温度),这表示节点温度设置成功。也可按按钮 ⋯ 以选择节点。"Uniform temperature"下方的文本框表示节点统一温度值,只要改变文本框中的值,然后按旁边的"Apply"按钮,则模型中所有节点的初始温度统一设定为该值。"Uniform temperature"下方的文本框表示节点统一温度值,只要改变文本框中的值,然后按旁边的"Apply"按钮,则模型中所有节点的初始温度统一设定为该值。"ALPHA:"下方的值表示模型的膨胀系数,只要改变文本框中的值,然后按旁边的

第八章 计算机辅助高频感应弯板成型系统的开发

"Apply"按钮,则模型的膨胀系数设定为该值。

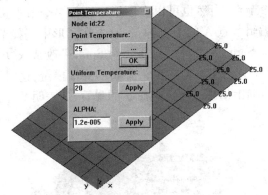

图 8-11 "Point temperature"对话框

⑧按钮↓↓

按钮↓↓用于编辑模型重力。按下此按钮,界面左上方出现编辑重力的对话框(图 8-12),对话框中的复选框"Enable gravity"用于激活重力设置,复选框"Enable gravity"没有选中时,下方的"Direction"是处于不可用状态,这是表示不考虑重力影响;当复选框"Enable gravity"被选中时,可以在下方的"Direction"中选择一个方向,如果不知道图形中的坐标方向,可以按下按钮✓显示坐标轴。

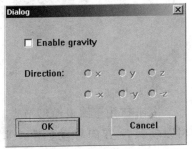

图 8-12 "Enable gravity"对话框

⑨按钮

按钮用于编辑模型节点弹簧,相当于用弹簧固定节点。按下此按钮,界面左上方出现标题为"Point Spring"的对话框(图 8-13),对话框中 Node id 代表节点编号,"Spring Direction"代表节点弹簧方向,"Spring E"代表节点弹簧弹性模量。按钮▦用于选择多个节点,当然也可以在图形中选择多个节点进行编辑。例如我们编辑节点 A 的节点弹簧,首先在图形中选择节点 A,然后在"Point Spring"的对话框把"No Spring"改成 x 方向,再在"Spring E"下方的文本框中填入弹簧的弹性模量,这时可以发现该节点 x 方向上出现了红色螺旋状的弹簧,这表明节点弹簧设置成功。

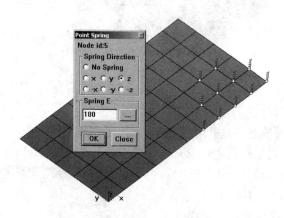

图 8-13 "Point Spring"对话框

⑩ 按钮▦

按钮▦用于编辑模型节点接触,相当于节点与物体接触,只可以朝其反方向移动。按下此按钮,界面左上方出现标题为"Point Contact"的对话框(图 8-14),对话框中 Node id 代表节点编号,下面的单选按钮"No Contact"表示该节点没有接触,而其他单选按钮表示节点有接触,而且表明了接触的方向。按钮▦用于选择多个节点,当然也可以在图形中选择多个节点进行编辑。例如我们编辑节点 A 的节点接触,首先在图形中选择节点 A,然后在"Point Contact"的对话框把"No Contact"改成 x 方向,这时可以发

第八章 计算机辅助高频感应弯板成型系统的开发

现该节点 x 方向上出现了个红色长方形,这表明节点接触设置成功。

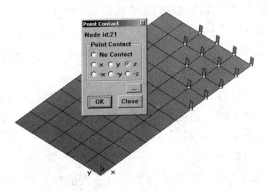

图 8-14 "Point Contact"对话框

(3)简单曲面的平面展开

系统可以进行简单曲面模型的平面展开,点击按钮"曲面展开"后,系统将置当前曲面模型的 z 坐标为 0,以曲面中心为基点,向两边重新计算网格模型的 x、y 坐标,并将展开后的节点坐标信息保存到数据库中。如图 8-15 所示。

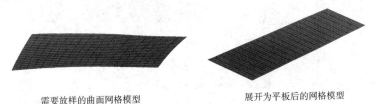

需要放样的曲面网格模型　　　　　展开为平板后的网格模型

图 8-15 曲面模型的展开

8.2.3 加热线计算模块

(1)加热线计算

在导入或建立目标曲面后,系统可以调用这个模块计算得出加热方案,此模块可以显示加热线结果,拟合修改加热线并将生成的加热方案文件存入数据库中。加载方案是一系列的加热轨迹曲线,这些曲线必须能表示在模型平面上,而且还能方便的编辑,随意修改曲线轨迹;这些曲线必须有相应的数学表达式,这样就能计算曲线经过每个单元的情况,方便计算模块把加载曲线转换为加载到每个单元的固有应变。系统通过设置关键点拟合曲线的方式实现这些要求。

导入模型后点击菜单"计算加热线"系统将调用 bin 目录下的 heatingline.exe 进行曲面的加热线的计算,完成后生成.hln 文件,保存在 outputfiles 目录下。

(2)加热线处理

点击菜单"加热线处理",系统将进入加热线处理模块。界面如图 8-16 所示。可以进行加热线的制定和修改了。

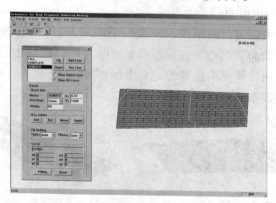

图 8-16 加热线处理

8.2.4 曲面成型计算模块

模型编辑好后可以调用计算模块进行计算。计算模块主要分成两个部分:前一个部分是根据模型输入的加热线,把它们转化成加载到每个单元上的固有应变;后一个部分是根据每个单元的固有应变分布情况计算模型变形。

计算模块工作流程见图 8-17。

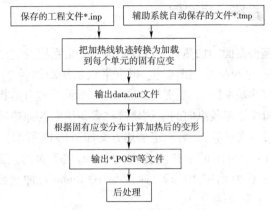

图 8-17 计算模块工作流程图

8.2.5 后处理模块

该辅助系统的后处理模块要能实现以下三个基本功能：

（1）能显示模型变形彩色云图。彩色云图最能直观反映模型变形情况的方式，对比系统提供的图例，能方便地估计模型各个部分的大致变形值。

（2）能实现自由调节模型变形放大倍数。加热后模型的变形情况一般不是很大，相对应庞大的模型，变形的微小显示差别难以满足需要，所以必须能方便的调节变形的放大倍数，使得在微小的变形也能在图形中清楚的展现出来。

（3）能对比变形前后的情况。模型变形前后的比较也是一个必要功能，辅助系统必须能同时显示模型变形前和变形后的模型框架，便于用户比较。

能查看模型某个剖面的变形情况。要能根据用户选择的剖面关键点，得到剖面变形的曲线图，查看剖面的变形情况是否符合要求。这样还能得到船板边缘变形曲线，便于预检查需要组装前各个船板的吻合程度。

8.3 系统应用实例

通过碗型曲面的加热方案设计验证该辅助系统的应用可靠性。图 8-18 是一个典型的碗形船板,根据平板加热冷却后会向加热轨迹内侧收缩的基本原则,要实现如图 8-18 所示的碗形形状,必须在船板的正面添加多条纵向的加热轨迹和多条横向的加热轨迹,用辅助系统经过多次试算,最后确定加热方案如图 8-19 所示。

图 8-19 中所示的加热线方向向上,即在平面的正面加热具体的加热参数为热量 100kW,速度为 1000mm/s,加热线宽度为 80mm,共 16 条加热线。

图 8-18 碗型船板目标成型曲面

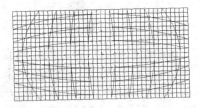
图 8-19 碗型船板加热方案

8.3.1 模型的建立

船板长 2000mm,宽 1000mm,厚度为 20mm,采用四边形弹性板单元划分船板的网格,长度方向划分为 40 等分,宽度方向划分为 20 等分。

打开高频感应加热弯板成型软件进入登录界面如图 8-20 所示,输入用户名和密码进入系统(图 8-21)。

点击菜单"有限元模型处理"→"导入有限元模型"进入导入模型模块。

在弹出的对话框中,TOTAL STEP OF INCREMENT 一项填 16,共分 16 步加载加热线,工程名称一栏 JOB NAME 中填 bowl。点击软件菜单 Create→Mesh Division,弹出"Shape Variables Input"对话框;在此对话框中,Length 中填 2000,width 中填 1000,Thickness 中填 20,点击 OK 按钮后,弹出"Mesh Division"对话框;此对话框用于平板的网格划分,在"Division for Length"中填 40,"Division for Width"中填 20,点击 OK 按钮后,模型建立完成(图 8-22)。

图 8-20　系统登录界面　　　　　图 8-21　进入系统后界面

8.3.2　模型的支撑

模型的支撑条件如表 8-1 所列。

模型的支撑条件(单位:mm)　　　　　表 8-1

支撑的高度	支撑点的 X	支撑点的 Y
11.383	150.000	0.000
0.121	1000.000	0.000
11.385	1850.000	0.000
11.373	150.000	500.000
0.000	1000.000	500.000
11.375	1850.000	500.000
11.384	150.000	1000.000
0.122	1000.000	1000.000
11.386	1850.000	1000.000

支撑条件设定好后如图 8-23 所示。

图 8-22　辅助系统建立的平板模型　　　图 8-23　模型的支撑

8.3.3　布置加热线

加热线是高频感应加热头在加热时途径平板的轨迹,加热线附近的平板单元在加热冷却后会产生收缩变形,所以在模型中布置的加热线和实际制定的加热轨迹的一致性很大程度上决定计算结果的准确性,由此必须保证模型中的加热线和预先制定的加热轨迹基本重合。为了达到基本重合的要求,软件采用曲线拟合的方式,首先制定曲线经过的节点,然后拟合成最多 5 阶多项式表达的曲线。要添加这一系列加热线,可以遵循如下步骤:

(1)点击按钮 ,添加第一条加热线。点击 添加线 按钮,在弹出的对话框中填入名称为"1",再在基本属性中把加热线的热量、方向、速度、宽度设定一下,热量设为 100,方向向上,速度为 1000,宽度为 80;编辑加热线的关键点,拟合后得到的曲线如图 8-24 所示;它和图 8-19 中加热方案中的第一条加热线是基本一致的。

(2)按照添加第一条加热线的方法继续添加加热线 2~16。

所有的加热线都添加完成后如图 8-25 所示,其中粗黑线代表名称为"1"的加热线。

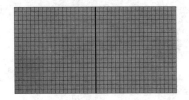 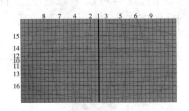

图 8-24　添加的第一条加热线　　　图 8-25　平板所有的加热线

8.3.4　计算

为便于查看和编辑模型,首先将模型保存到数据库中;点击菜单 Model→Save Project→Save Project to Database,程序默认的文件名称为 bowl,我们也可以将模型另存为文件,点击菜单 Model→Save Project→Save Project to File。

点击菜单曲面成型计算→变形计算,程序将调用曲面成型计算模块对当前模型进行计算,机器配置必须能达到计算大型模型的要求。计算完成后,我们可以在程序目录下找到名称为 bowl.POST 的文件,这就是我们需要的结果文件。

8.3.5　后处理

点击菜单"后处理"→"后处理",系统将执行后处理模块并自动调用当前计算结果 bowl.POST 进行观看。进入后处理模块后界面如图 8-26 所示。

由于模型变形较大,我们可对显示效果稍作调整:点击按钮，在"Deformation"分组框内的 Zoom 项修改为 10,然后按后面的 Update 按钮;Zoom 表示的是显示模型变形的夸张倍数。点击复选框"Deformed shape + Undeform",图形中显示出一个紫色框架,这个紫色框架代表模型加热前的原始框架,这样有利于进行模型变形前后的比较。点击复选框"Legend",程序视区中将显示图例,这样可以形象地表示各种颜色所代表的变形值的大小(图8-27)。

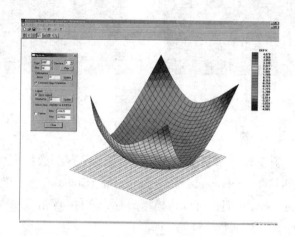

图 8-26　后处理界面

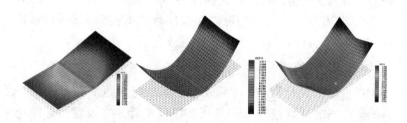

图 8-27　加载到第 1、9、12 条加热线后板的变形图

显示效果调节好后,适当旋转和调整模型的大小;在"Type"中选择"DEF",在"Direction"中分别选择 X、Y、Z,可分别显示 X、Y、Z 方向的变形云图。

在 step 列表框中可分别选择 1~16,点击按钮 Update 这时系统将显示加载到这条加热线后,板的变形情况。

8.3.6 结果分析

查看模型加热后几个主要截面的变形情况,截面的选择如图 8-28 所示。

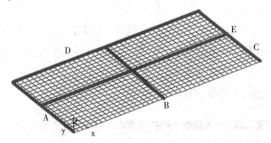

图 8-28 模型的几个截面位置示意图

(1)首先查看 A 截面,在程序后处理界面中点击按钮▦,弹出"PostView"对话框,在对话框中的下拉框中选择 Node Disp_3,这代表节点 Z 方向的变形;然后选择节点,点击 **Select**,first 填 1,last 填 821,interval 填 41,然后按 OK 按钮,选中的这一系列节点都是经过截面 A 的节点;节点选择好后,按 **Draw Graph** 按钮,得到截面变形曲线图(图 8-29)。

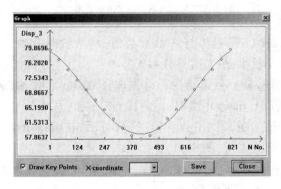

图 8-29 模型 A 截面的 Z 方向变形曲线

A 截面变形为 Z 方向变形,发现其两端变形值最大,变形最大值达到 79.87，截面 A 中间的变形值最小，这也可从 Z 方向变形云图反映出来，板两端呈红色，主要原因是模型的加热线布置导致，沿模型长度方向加热，冷却后模型两端向上拱起。

（2）查看 B 截面变形情况。首先选择节点，点击 Select，first 填 21，last 填 841，interval 填 41，然后按 OK 按钮，选中的这一系列节点都是经过截面 B 的节点；节点选择好后，按 Draw Graph 按钮，得到截面变形曲线图（图 8-30）。

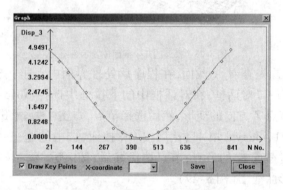

图 8-30　模型 B 截面的 Z 方向变形曲线

B 截面的变形趋势与 A 截面类似，是两端向上拱的，只是变形整体都是较小，最大值只有 4.9。

（3）看 C 截面变形情况。首先选择节点，点击 Select，first 填 41，last 填 861，interval 填 41，然后按 OK 按钮，选中的这一系列节点都是经过截面 C 的节点；节点选择好后，按 Draw Graph 按钮，得到截面变形曲线图（图 8-31）。

C 截面的变形基本和 A 截面一致，是向上拱的，最大变形值为 79.94，最小变形值为 58。

（4）查看 D 截面变形情况。首先选择节点，点击 Select，first

填 1,last 填 41,interval 填 1,然后按 OK 按钮,选中的这一系列节点都是经过截面 D 的节点;节点选择好后,按 **Draw Graph** 按钮,得到截面变形曲线图(图 8-32)。

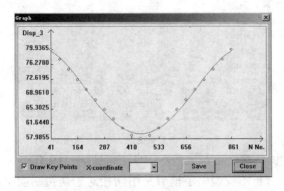

图 8-31　模型 C 截面的 Z 方向变形曲线

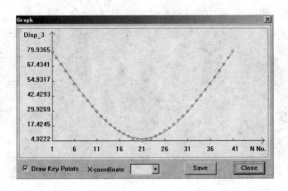

图 8-32　模型 D 截面的 Z 方向变形曲线

D 截面正好说明了模型是中间相对于两边是向下凹陷的。

(5)查看 E 截面变形情况。首先选择节点,点击 **Select**, first 填 411,last 填 451,interval 填 1,然后按 OK 按钮,选中的这一系列节点都是经过截面 D 的节点;节点选择好后,按 **Draw Graph** 按钮,得到截面变形曲线图(图 8-33)。

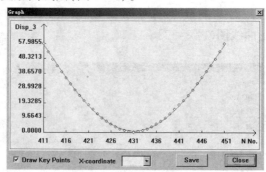

图 8-33　模型 E 截面的 Z 方向变形曲线

E 截面两端变形最大为 57.99,中间最小为 0.0。

以上分析不仅说明了模型是中间相对于两边是向下凹陷的,而且说明了模型的中心点变形最小,4 个角点变形最大,从而形成碗形曲面,和高频感应弯板成型实验基本吻合(图 8-34)。

图 8-34　高频感应加热后的钢板

8.4　本章小结

开发了高频感应加热弯板成型计算机辅助系统,该系统能根据制定的加热方案,计算出加热后的平板变形情况;也可以建立

第八章　计算机辅助高频感应弯板成型系统的开发

或导入目标曲面,根据计算主曲率方向制定加热方案。开发的辅助系统具有完善的前处理和后处理模块,可以从数据库中导入有限元模型、设定模型边界条件和模型各种属性、进行平面展开等操作,并在数据库中保存修改了的相关信息。能够显示变色彩色云图,模型变形的放大表示,模型变形前后的比较图,模型任意剖面的变形情况。

参 考 文 献

[1] Ueda Y, Yuan M G. A predicting method of welding residual stress using source of residual (report III)[J]. Trans of Joining and Welding Research Institute,1993, 22(1):157-168

[2] 日本造船研究協会第246研究部会. 船ズロックのデジタル生産技術の基礎研究. 平成14年度报告書

[3] W. Liang, D. Dean, S. Sone and H. Murakawa. Prediction of welding distortion by elastic Finite Element Analysis using inherent deformation estimated through inverse analysis. Welding in the World, Vol. 49(2005), No. 11/12, 30-39

[4] 西川弘泰, 芹澤久, 村川英一. 大規模溶接シミュレーシヨンの機適用溶接論文集, 24-2(2006), 168-173

[5] VJang C D, Ryu HS, Lee C H. Prediction and control of welding deformations in stiffened hull blocks using inherent strain approach[R]. Proceedings of the International Offshore and Polar Engineering Conference, Proceedings of the Fourteenth (2004) International Offshore and Polar Engineering Conference- ISOPE 2004, 2004

[6] Jang Chang Doo, Ryu Hyun Su, Lee Chang Hyun. Prediction and control of welding deformations in stiffened hull blocks using inherent strain approach[J]. Proceedings of the International Offshore and Polar Engineering Conference, Proceedings of the Fourteenth (2004) International Offshore and Polar Engineering Conference- ISOPE 2004, 2004, p 159-165

[7] Asifa Khurram. Prediction of Welding Deformation & Residual

Stress by FEM[D]. 2006,10

[8] Murakawa Hidekazu. Computational welding mechanics and concept of inherent strain for industrial applications[J]. Materials Science Forum,v 539-543,n PART 1,Supplement to THERMEC 2006,5th International Conference on PROCESSING and MANUFACTURING OF ADVANCED MATERIALS, THERMEC 2006,2007,p 181-186

[9] Mochizuki M. ,Mikami Y. ,Yamasaki H. ,Toyoda M. Elastic predicting method of weld distortion of large structures using numerical simulation results by thermal-elastic-plastic analysis of small components[J]. Welding in the World,v 51,n 11-12,November/December,2007,p 60-64

[10] Mochizuki M. ,Okano,S. ,An G. B. ,Toyoda M. Measurement of through-thickness residual stress in primary piping of girth welded joint[J]. Materials Science Forum,v 580-582,Materials Science Forum—Advanced Welding and Micro Joining/Packaging for the 21st Century—Selected peer reviewed papers from the International Welding/Joining Conference- Korea 2007, IWJC 2007,2008,p 577-580

[11] Dean Deng,Hidekazu Murakawa,Wei Liang. Numerical simulation of welding distortion in large structures Computer Methods in Applied Mechanics and Engineering, Volume 196, Issues 45-48,15 September 2007,Pages 4613-4627

[12] Dean Deng,Hidekazu Murakawa,Wei Liang. Prediction of welding distortion in a curved plate structure by means of elastic finite element method. Journal of Materials Processing Technology,Volume 203,Issues 1-3,18 July 2008,Pages 252-266

[13] 罗宇,鲁华益,谢雷,朱枳锋.TendonForce 的概念及计算方法

[J].造船技术,2004(4):35-37

[14] 罗宇,邓德安,江晓玲,朱枳锋.热变形的固有应变预测法及实例[J].焊接学报,2006,27(5):17-20

[15] 罗宇,朱枳锋,鲁华益.船用大型焊接结构的焊接变形预测实例[J].造船技术,2005(3):34-37

[16] LuoYu,Deng De´an,Jiang Xiaoling.Prediction of welding distortion during assembly process of thin plate structures[J].China Welding(English Edition),v 14,n 2,November,2005,p 153-157

[17] 侯志刚.薄板结构焊接变形的预测与控制[D].华中科技大学,2005,4

[18] Li Hong,Ren Huilong.Prediction of welding distortions of stainless steel ship[J].Key Engineering Materials,v348-349,Advances in Fracture and Damage Mechanics VI,2007,p 373-376

[19] 徐济进,陈立功,汪建华,倪纯珍.基于固有应变法筒体对接多道焊焊接变形的预测[J].焊接学报,2007,28(1):77-80

[20] Xu Jijin,Chen Ligong,Wang Jianhua,Ni Chunzhen.Prediction of welding distortion in multipass girth-butt welded pipes of different wall thickness[J].International Journal of Advanced Manufacturing Technology,v 35,n 9-10,January,2008,p 987-993

[21] 周宏,李敢,朱红娟.船舶板材边界条件对高频感应弯板成型的影响.焊接学报,2010,31(11):101-104

[22] 周宏,罗宇,蒋志勇.船舶板材几何尺寸的变化对高频感应弯板成型的影响.舰船科学技术,2009,31(9):22-30

[23] 周宏,蒋志勇,齐亮.姚飚,数控高频感应弯板成型设备曲板成型数据库系统开发研究.船舶工程,2011,33(6):73-76

[24] 西安电炉研究所,第一机械工业部技术情报所.感应加热技术应用及其设备设计计验.北京:机械工业出版社,1974